消えるB型

心理学者様へ

山上一

鳥影社

世界の血液型傾向グラフ

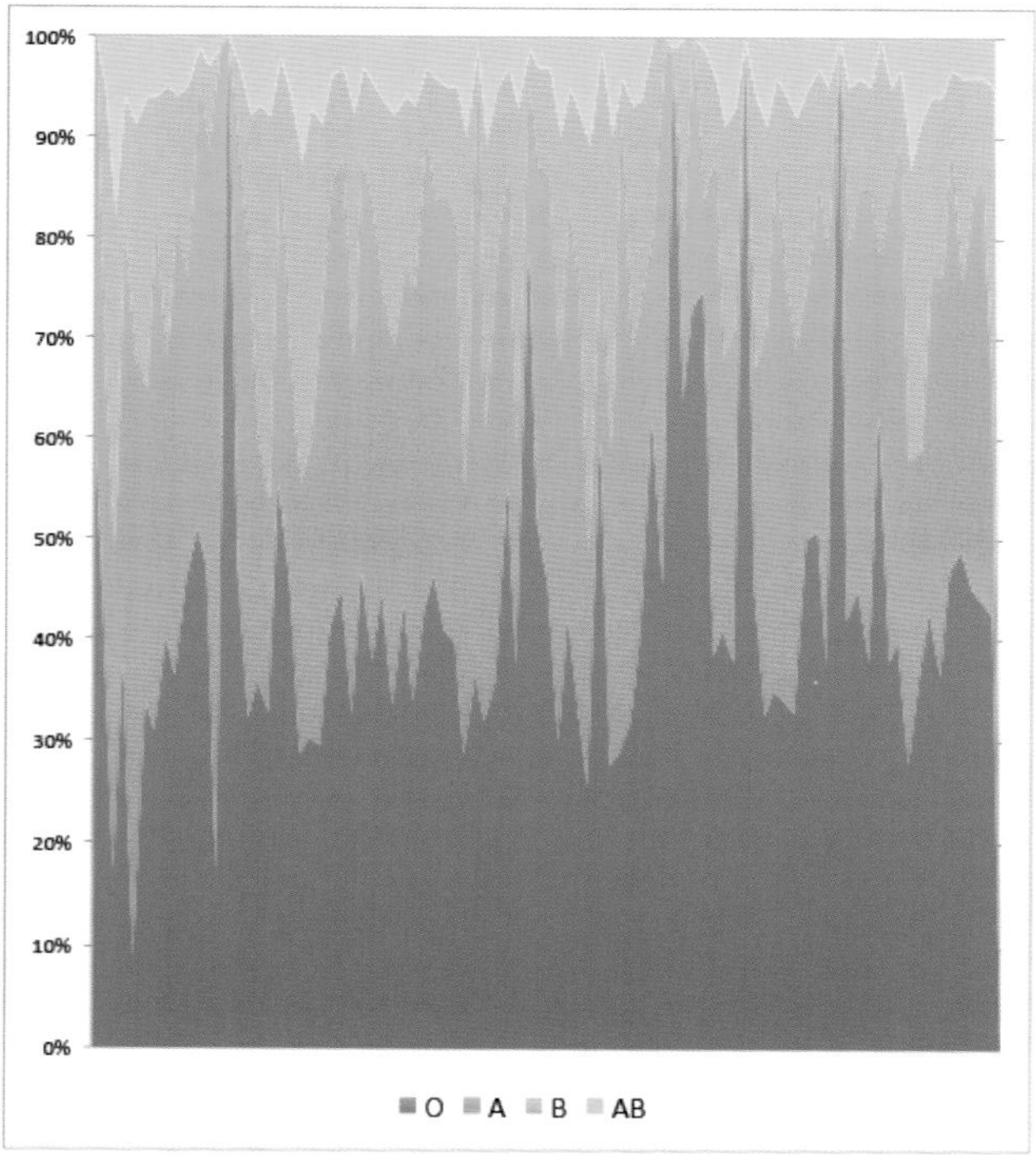

AB 型は人類の進化形？：血液型の世界分布：坂本史郎の【朝メール】より：オルタナティブ・ブログ (itmedia.co.jp)

国別・人種別血液型シェア

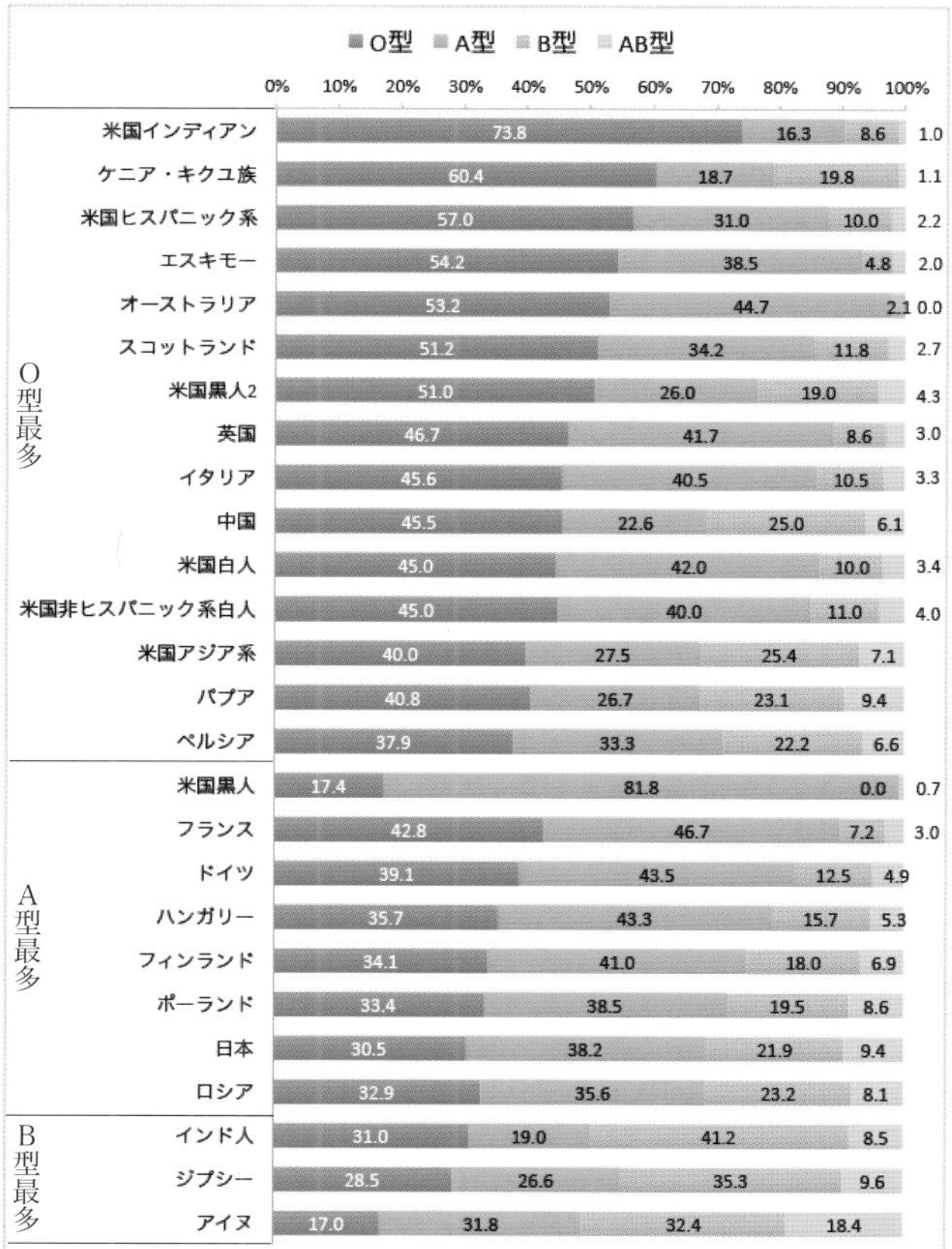

(注)インド人はヒルシェフェルド 、米国インディアン(混血を含む)・白人はスナイダーによる(古畑1962)
米国非ヒスパニック白人、米国ヒスパニック、米国黒人2、米国アジア系は米国赤十字HPによる
(資料)「カラー生物百科」平凡社 (1975)、古畑種基「血液型の話」(1962)、米国赤十字HP(2013.7.4)
図録▽血液型の国際比較 (sakura.ne.jp)

はじめに

わたしは今年、七十歳になります。

若い頃、能見正比古さんの『血液型人間学シリーズ』の本を読んで以下のような発想を得ました。

何事によらず、基本的に、世の中の物事の展開は、まず始まって、普及したり大きくなったりして、その後、定常状態に落ち着きます。

そして、その環境の中で、新たに何かがはじまります。

このように、ぐるぐる回りながら、螺旋《らせん》状に変化して行くように思われます。

そして、定常状態で落ち着いた中から、新たな何かが始まる時に、破断的変化になってしまいやすいように思われます。
ここに、定常状態と、新たな何かを繋ぐ要素が必要になると思います。
これらを纏《まと》めてみると、次のようになると思いました。

発生─新たな地平を拓《ひら》く
成長─大きく成長させる
維持─末永く維持する
調整─異質なものを繋ぐ

人類の諸活動をこういう視点で見た時、能見正比古さんの本での各血液型の気質が前記四つに対応するのではないかと思いました。

すなわち

発生―B型
成長―O型
維持―A型
調整―AB型

私の血液型はB型です。

ですから、B型の有名人を見つけるとつい注目します。

思い浮かぶままに書いてみます。まずは、只今大ブレイク中の総理大臣、安倍晋三さん、今太閤と持て囃《はや》された田中角栄さん、同じく総理大臣を務めた、竹下登さん、古いところでは東条英機さん。

スポーツでは最近引退された、浅田真央さん、水泳の木原光知子さん、プロ野球のイチローさん、同じく野茂英雄さん、長嶋茂雄さん。

芸能界は、亡くなられた、森繁久彌さん、森光子さん、「寅さん」の渥美清さん、

「不器用な男」高倉健さん。西田敏行さんは大病から無事生還されました。

最近では、小説などもお書きになる異色のAV女優、紗倉まなさん、旦那さんがいてなお人気抜群の、鈴木奈々さん。

歴史上の人物では、大河ドラマ「西郷どん」の西郷隆盛。坂本龍馬。確証はないものの、ネットでも多くの人がB型としている、織田信長。

科学者では「小惑星イトカワ」で話題になった、日本の宇宙開発の父、糸川英夫博士。同じく科学者では世界のスーパースター、アルバート・アインシュタイン博士。

日本人でノーベル賞を受賞された、iPS細胞の山中伸弥さん、「レーザーイオン化質量分析技術」の田中耕一さんなど。

芸術家では放浪の画家、山下清さん、「芸術は爆発だ」の岡本太郎さん、映画監督の、黒沢明さん、などが頭に浮かびます。

新たな地平を拓く人、仲間内の人間関係に淡々とした人、そして、甃《たお》れて後已《のちや》む、大きく足元を掬《すく》われて高転びに転んだ人、そんなイメージがあります。

今日、ブラッドタイプ・ハラスメントと言う言葉があったりして血液型の話を真剣に取り扱うのが憚《はばか》られる雰囲気もあります。

どうやら、B型が一番評判が悪いように思われます。

しかし、私にはB型は極めて建設的な性格に思えます。

辛抱たまらず、齢《よわい》七十古希の秋、震える足を踏みしめて立ち上がった次第です。

目次

1　血液型人間学の歴史

１９００年、明治33年頃、オーストリアのウイーン大学でＡＢＯ式血液型が、カール・ラントシュタイナーという人によって発見されました。彼はこれによりノーベル生理学・医学賞を受賞しています。

血液型には多くの種類がありますが、ここではＡＢＯ式血液型を考えます。

その後、性格との関係も論じられるようになりました。

日本では１９２７年、昭和2年、古川竹二さんが、血液型と性格に関する論文を発表しました。これにより社会に広く知られるようになりました。

戦後、１９７１年、昭和46年、能見正比古さんが『血液型でわかる相性』を出版しました。以後十数冊の同種本を出版されました。

有名な人の行動観察や、何万人もの人の統計で血液型による性格の違いを洗い出しておられます。

たとえば全衆議院議員の血液型分布では、O型が日本人の平均より2割多く、AB型に至っては6割も多くなっています。

その分A型とB型は各2割少なくなっています。

逆に都道府県知事の血液型はA型が4割も多く、その分他の血液型の知事が少なくなっています。

もう一つ拾ってみますと、一流漫才師の血液型はAB型が平均分布の3倍近くになっています。

私はこれらの本に影響を受けて本書の考えを持つに至りました。

能見正比古さんが、ある講演で「最初に読むとすればどの本を読めば良いでしょうか?」と聞かれて、返事に困り『血液型エッセンス』を書かれたとありました。

この『血液型エッセンス』には血液型と性格の関係を現す表が様々な視点からいくつも載っています。その中から一番包括的と思われる表を転載します。

B型の気質特性

	それが長所とみられるときは	それが短所とみられるときは
束縛嫌うマイペース	○自主性。独立心。依存心依頼心少ない。	×我がまま勝手。個人プレー。独走。
行動が型にはまらぬ	○気さく。飾らない。ザックバラン。	×無作法。脱線。人もなげ。ズボラ。
考え方型にはまらぬ	○柔軟思考。理解幅広い。アイデア豊富。	×散漫。いい加減。思いつき。信念ない。
照れ性とヒネる表現	○人がいい。かわいげ。ぶらぬ。面白い。	×ぶあいそ。ひねくれ。アマノジャク。
差別なく心を開放	○開放性。親しみ。庶民的。温かい人柄。	×無用心。無礼。上を上と思わぬ。
周囲にとらわれない	○細事を気にせぬ。心広い。我が道行く。	×厚かましい。無神経。察しが悪い。
慣習ルール気にせぬ	○創造的、進歩性。権威に屈せぬ。応変。	×非常識。秩序乱す。思いあがってる。
行動移行が早い	○決断と実行。エネルギッシュ。まめ。	×慎重さ不足。あわて者。落ちつきない。

判断は正確さを重視	○客観性に富む。公平。慎重。	×煮えきらぬ。白黒つけぬ。あいまい。
実用的具体的思考性	○計画が実際的。科学性がある。冷静。	×夢がない。哲学がない。信念に乏しい。
興味多方面で集中性	○こり性。仕事や研究熱心。粘り強い。	×興味本位。浮気性。専門がない。道草。
過去にややこだわる	○執念がある。反省心。経験を生かす。	×未練。思いきり悪い。グチが多い。
将来には楽観的態度	○前向き。開発開拓精神。大胆。若さ。	×考え甘い。一人よがり。そそっかしい。
感情の振幅が大きい	○感受性。人情味。正直で心を隠さぬ人。	×お天気屋。かんしゃく持ち。神経質。
神経の傷は完全回復	○淡泊。竹を割ったよう。ハラがある。	×バカみたい。だまされる。性こりない。
脱家庭的傾向がある	○仕事や社会に生きる。女々しくない。	×家庭、家族への責任感が乏しい。
興味関心重点の人生	○真理に生きる。名利超然。自分に忠実。	×社会性乏しい。いい意味の野心少ない。

O型の気質特性

	それが長所とみられるときは	それが短所とみられるときは
目的志向の強さ	○実行力あり。有能やり手。意志が強い。	×強引。仕事にムラ。手段を選ばない。
欲望がストレート	○情熱的。愛情が強い。直情。積極性。	×がめつい。所有欲、独占的。利己性。
力関係を敏感に意識	○向上心。いい意味の野心的。忠実。	×権力志向。出世主義。（逆に）卑屈。
勝負師性の烈しさ	○根性。負け嫌い。度胸あり。決断力。	×すぐ張り合う。協調乱す。粘りがない。
頭抑えられるの嫌う	○独立心。自主性。不屈。自尊心強い。	×けんか早い。反抗的。素直でなく強情。
ロマンチックな性情	○夢や理想がある。詩的。感動性に富む。	×子供っぽい。口先だけ。安っぽい。
判断行動が現実的	○実際的でしっかり者。生活力。大局観。	×計算高い。ぬけめがない。金銭ずく。
直線的な考え方	○率直。人がいい。直観力にすぐれる。	×単純。大さっぱで緻密さ乏し。独断。

仲間作りと仲間意識	○暖かい。面倒見いい。友情。家族思い。	×派閥性。身内ばかり大事。えこひいき。
スキンシップな愛	○人間味。人なつっこい。開放性。	×ベタベタする。しつこい。人に干渉。
仲間外には警戒心大	○慎重。人に乗ぜられぬ。口が堅い。	×分けへだて。自己防衛過剰。神経質。
個性的な物事を好む	○個性尊重。独創性。周囲に流されぬ。	×変わり者。いかれてる。好き嫌い烈しい。
自己主張と自己表現	○表現力。明朗率直。意思持つ。指導性。	×出しゃばり。自己宣伝。一言多い。
言葉の使い方が巧み	○論理的。説得力がある。話が判りやすい。	×口だけ達者。理屈っぽい。言行不一致。
行動に原則を持つ	○信念的。行動が明快。コソコソしない。	×独断的。押しつけがましい。馬車馬。
感情が後に残らない	○淡泊。おおらか。寛容。ハラがある。	×いい加減。人の気持ちに無神経。
社会を強く意識する	○高い政治意識。人間関係を大事にする。	×人の好悪に神経質。政治的にすぎる。

A型の気質特性

	それが長所とみられるときは	それが短所とみられるときは
周囲や相手に心配る	○気がつく人。思いやり。サービス精神。	×周囲ばかり気にする。神経質。小心。
人間関係の平穏望む	○穏やか。人を立てる。付き合いがいい。	×事なかれ主義。八方美人。偽善的。
心を開くのが遅い	○だまされぬ。人をよく見る。甘えない。	×人を信じない。疑い深い。表面的。
ルール慣習を尊重	○公徳心。まじめ。羽目を外さない。	×しゃくし定規。自主性や批判性乏し。
秩序を重視する	○礼儀正しい。チーム行動大切にする。	×人に差別をつけすぎる。形式的だ。
行動や表現が抑制的	○節度。折り目正しい。出しゃばらぬ。	×腹が判らぬ。秘密主義。冷ややか。
型にはまりやすい思考	○常識性。堅実。挨拶行き届く。オトナ。	×融通性乏し。石頭。早合点。心が狭い。
白黒善悪のケジメ	○筋を通す。ハッキリしている。厳正。	×決めつけ過ぎ。理屈っぽい。がんこ。

将来に対して悲観的	○慎重。思慮深い。甘くない。用心深い。	×物事悪くとる。自信のなさ。クヨクヨ。
過去に楽観視の努力	○思いきりがいい。サッパリしている。	×反省乏し。負け惜しみ強がり。傲慢。
完全主義完成目ざす	○仕事丹念。責任感。粘り。根性。	×細部にこだわる。くどい。弁解多い。
継続的努力に耐久力	○我慢強い。努力家。自分に厳し。根性。	×受動的。言われたことやるだけ。
現状維持無為に弱い	○実行力。向上心。骨惜しみせぬ。マメ。	×気が短い。気が小さい。焦りやすい。
興味の集中継続弱い	○しつこくない。溺れぬ。中庸の精神。	×あきっぽい。徹底しない。根がない。
神経の傷の回復遅い	○負け嫌い。繊細。執念。プライド高い。	×恨みが長い。しつこい。執念深い。
心に現状脱皮を願望	○常に自己改造。現状に満足せぬ。理想。	×不平や愚痴が多い。思いつめやすい。
何かに役立つ生き甲斐	○使命感や道義心。犠牲的精神など高い。	×独善。きれいごと。一人だけいい子。

ＡＢ型の気質特性

	それが長所とみられるときは	それが短所とみられるときは
合理性に富む考え方	○理性的。知的。分析正確。しっかり派。	×ドライ。割り切り過ぎ。情薄。義理軽視。
批判分析長じ、好む	○シャープ。しゃれてる。センスがある。	×評論家姿勢。イヤミ。人の神経傷つく。
社会参加と貢献望む	○誠実。社会的義務感。奉仕の精神が大。	×無遠慮。謙遜さ乏し。功名心が多い。
人間関係調整が巧み	○ソツがない。ビジネス有能。公正さ。	×調子がいい。遊泳名人。常に第三者的。
社会で人と調和望む	○頼まれるとイヤと言えぬ親切。世話好き。	×人に引きずられる。自主性が足りぬ。
重要問題で意見求む	○慎重。民主的。大義名分重視。	×決断力不足。責任かぶらぬ。頼りない。
社会で感情抑制長ず	○沈着冷静。にこやか。いつも変わらぬ。	×事務的。平板。人間性や感激性少ない。
内輪で感情動揺がち	○激情家。繊細な神経。自分に忠実。	×気まま。取り乱しやすい。二重人格。勝手。

距離をおく対人性	○さっぱりしている。公平。派閥性少ない。	×クール。裸にならぬ。身内意識持たぬ。
人の裏表偽善憎む	○正義感が強い。道徳性。見ぬく目鋭い。	×好き嫌い烈し。寛容さ包容力に欠ける。
集中性高く持続性少	○能率的。要領ポイント早くつかむ。	×根気乏し。あきやすい。後始末しない。
考え方や解釈多角的	○多角経営巧い。企画性。考えが幅広い。	×言い訳こじつけ巧い。反省心少ない。
メルヘン的空想趣味	○夢がある。感動性。感傷的なやさしさ。	×子供っぽい。安っぽい。現実離れ。
趣味的で没頭しない	○淡泊。自制心。自分失わぬ。趣味広い。	×情熱不足。深味ない。泥にまみれない。
経済生活に理性的	○経営能力。生活力。家計に責任感。	×計算高い。ケチ。儀礼を軽視する。
生活最小限安定望む	○堅実。用心深い。寡欲でがめつくない。	×私生活守り過ぎ。冒険せぬ。個人主義。
力の闘争をさける	○平和的。権力意識少ない。控え目だ。	×野心がない。傍観的。腰が弱い。

※能見正比古さんの『血液型エッセンス』からの引用

（『血液型エッセンス』　サンケイ出版　１６０～１６３頁　血液型別、長所短所リスト）

カバーの裏にも印刷してありますので、それを参照しながら読み進めていただくのも良いかと思います。

この表の中で見れば、たとえば、

Ｂ型の　「考え方、型にはまらぬ」の長所として「アイデア豊富」

Ｏ型の　「目的志向性の強さ」

Ａ型の　「型にはまり易い思考」

ＡＢ型の　「人間関係調節が巧み」

などからそれぞれ、

B型は新たな地平を目指す。
O型は物事を成長させる。
A型は物事を末永く維持させる、傾向を持つと感じました。
AB型は異質な三者の調整役のイメージです。

また、「リード・おもり関係」というのがありまして、次の図のようになっています。

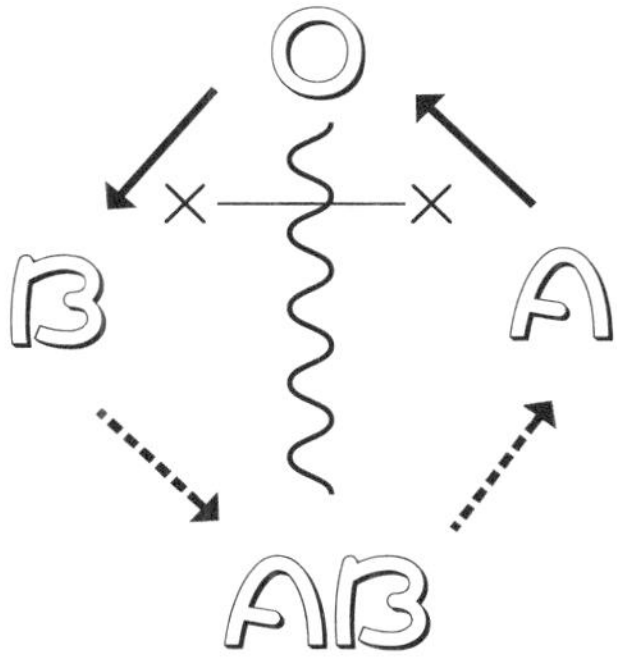

Ｂ型はＯ型をリードし、Ｏ型はＢ型をおもりします。
Ｏ型はＡ型をリードし、Ａ型はＯ型をおもりします。
Ａ型はＡＢ型をリードし、ＡＢ型はＡ型をおもりします。
ＡＢ型はＢ型をリードし、Ｂ型はＡＢ型をおもりします。
（『血液型エッセンス』　サンケイ出版　１２２〜１２５頁　血液型とおもり関係）

十数冊全部読んだわけではないのですが、概ねこんな感じで、発生、成長、維持、調整、の発想を得ました。

2　違いの理由　微生物説

血液型によって人の性格に違いがあるという主張が能見正比古さんなどによってなされていますが、違いの理由は述べられていません。

ここに、その理由を述べた本があるので紹介します。

私は二冊読みました。

『小さな悪魔の背中の窪み』　竹内久美子　新潮社
『血液型の科学』　藤田紘一郎　祥伝社

血液型によって様々な病気にかかりやすさが違うということだそうです。

Ｂ型は天然痘にかかりにくく、結核にかかりやすい。
Ｏ型は梅毒にかかりにくく、コレラにかかりやすい。
Ａ型はペストにかかりにくく、癌にかかりやすい。
ＡＢ型はコレラにかかりにくく、梅毒にかかりやすい。

とそれぞれたくさんあります。この世の多くの生物に血液型があって、病原菌のそれと人の血液型とが抗原抗体反応を起こすため血液型によっていろいろな病気に対するかかりやすさが違ってくるそうです。

ＡとＢ二つの抗体を持つＯ型は全般的に病気に強く、両方の抗体を持たないＡＢは全般的に病気に弱いそうです。
包括的に見て次の感じだそうです。

Ｏ＞Ｂ＞Ａ＞ＡＢ

BとAの差は抗原量の違いだそうです。

（『血液型の科学』　藤田紘一郎　祥伝社　１２２〜１２６頁　免疫学的に見た病気に強い血液型ランキング）

さらには人の血液型の由来さえもこれら微生物が原因だそうです。

「トランスフェクション」といって、人の腸内に入った微生物の遺伝子が人の遺伝子に入り込むそうです！

これら血液型の違いによる病気に対する抵抗性の差によって、人の性格に違いが出るそうです。

たとえば、O型は、さして感染を気にしないでよいので人と交わろうとします。

ＡＢ型は免疫力が弱いのでなるべく人を避けようとします。

このようにして人の性格の違いができてきたとのことです。

世界の様々な気候風土にある病気と血液型の分布が上手く説明されています。

2　違いの理由　微生物説

たとえばアメリカ大陸はO型が大変多いのは梅毒に強いO型が発病せずに生き残ったからとか、インドにO型が少ないのはかの地にコレラが流行したからだ、というような話です。

この「血液型微生物説」は世界の血液型分布や血液型による性格の違いを非常に上手く説明しています。

ただ困ったことに、こう上手く説明されると、後に私が述べようとする「血液型種内淘汰説」が無用になってしまいます。

3　発生、成長、維持、調整、のサイクルについて

物事は発生、成長、維持、という感じで推移します。その維持の環境の中から、新たな発生が始まります。

植物の植生の変化のイメージです。

何も生えていない土地に、まず苔が生え、周囲に広がり、あたり一帯が苔の環境になります。

これで発生、成長、維持、です。

その苔環境の中で新たな発生である草が生え始めます。

同様の手順で草地から低木地、さらには陽樹林、陰樹林へと進み、最終的にはそれぞれの土地に適した、極相林になります。

こんな感じで、血液型によって人の社会を考えてみます。
図にするとこんな感じです。

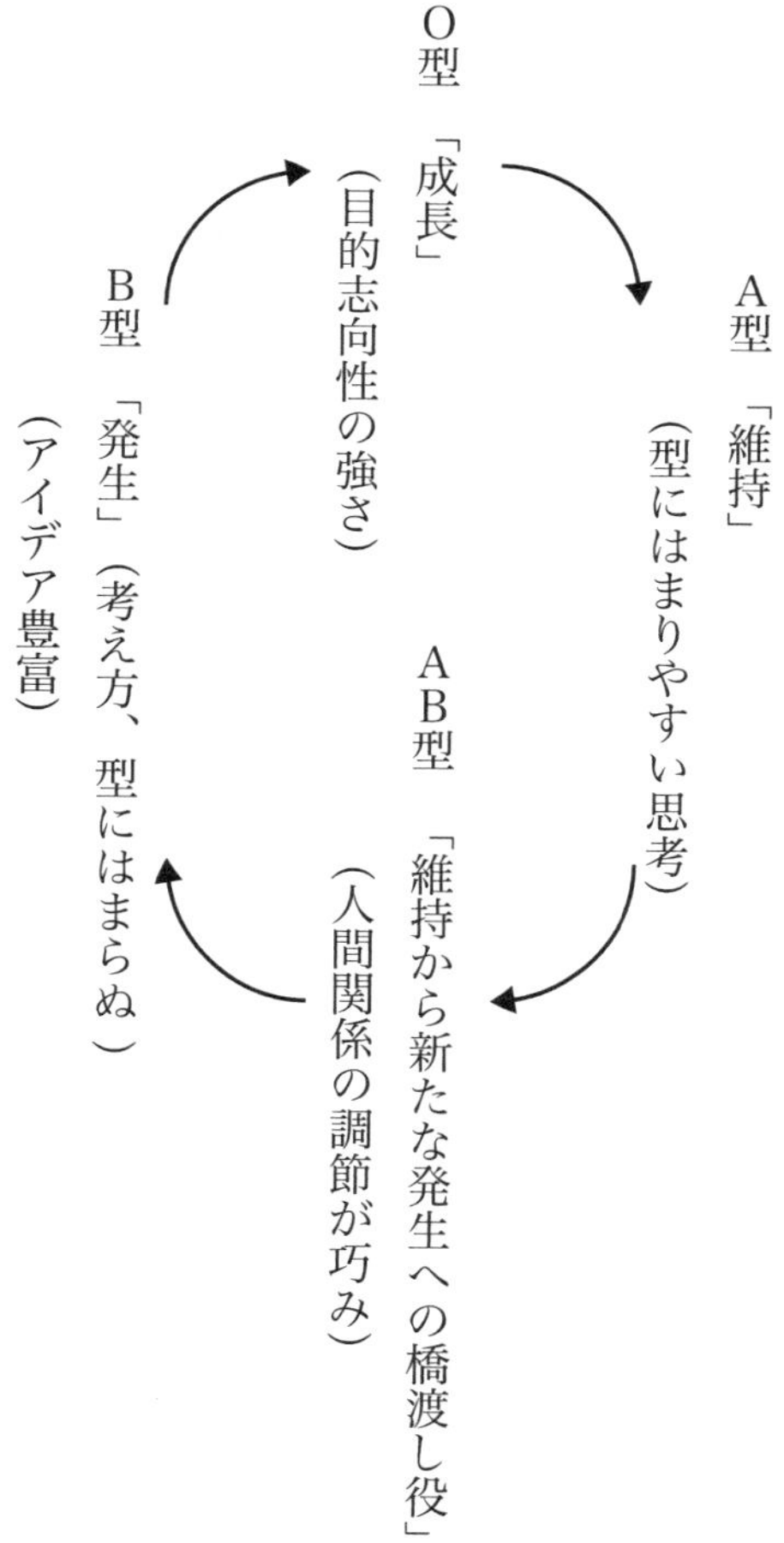

能見正比古さんの『血液型人間学』シリーズからヒントを得た発想です。

たとえば、戦国時代「織田が搗《つ》き、羽柴が捏《こ》ねし天下餅、座りしままに喰うは徳川」という中で、織田信長はB型、羽柴秀吉はO型、徳川家康はA型、と思います。

さらには江戸時代が終わる明治維新で、新たな発生である西郷隆盛B型に、江戸城無血開城をなさしめたＡＢ型勝海舟が「維持から新たな発生への橋渡し役」を果たした、と思います。

織田信長B型、徳川家康A型は確証はなく、ネットで見ても多数意見ではありますが、他の意見もあります。

羽柴秀吉O型は血判から判ったようです。

明治維新で活躍した西郷隆盛は残っていた髪の毛からB型と判明しました。

私の主張するところの「発生」的性格の人です。

勝海舟はＡＢ型。

根拠ははっきりしませんが、ネットでの意見は大多数がＡＢ型です。

今、前記血液型の根拠を探してネットを見ていたら、「西郷ドン」に出くわしました。


２０１８年の大河ドラマのようです。

「維新の三傑」なる言葉に興味を持って調べると、Ｂ、Ｏ、Ａ、でした。

西郷隆盛Ｂ型、大久保利通Ｏ型、木戸孝允Ａ型、でした。

いろんな場面でＢＯＡの組み合わせが建設的な成果をもたらす証左だと思います。

もう一人の英雄、坂本龍馬もＢ型でした。

やはり、明治維新という私の言うところの「発生」においては、Ｂ型が充実してくるのでしょう。


私には、世界史にも稀な江戸時代の三百年の平和はこの三要素の組み合わせによってなし得たのではないかと思われます。

さらには明治維新も、フランスやロシアの革命に比べればずっと穏やかになし得たように思えます。

ＡＢ型、勝海舟、の働きが大きかったと思います。

イギリスの名誉革命の例は言わば王家の内紛のようなもので、明治維新やフランス革命、ロシアの革命とは違うと思います。

そもそも、ＡＢＯ式血液型がなぜＢ、Ｏ、Ａ、ＡＢ、の四つなのかと疑問に思います。

Ｃ、Ｄ、Ｅ、Ｆ、と、もっといろいろあっても不思議はないように思います。

しかし、現実はＢ、Ｏ、Ａ、ＡＢ、の四つだけです。

私は、いろいろあった中で、この四つの協力が最も成果を挙げたので、自然選択の結果、この四つが残ったのではないかと思います。

ＡＢ型は世界的に見れば最小数派ですが、日本はヨーロッパに比べればずっと多いです。

Ｂ型、Ｏ型、Ａ型、ＡＢ型、の四つが等しく25％ずつ存在する社会を見てみたい気がします。

『サピエンス全史』という上下巻６００頁に及ぶ分厚い本があります。

宇宙の始まりから説き起こして、現代に至る人間社会を書いてあります。

その中で、たくさんの種類の人類の中から現代人であるホモ・サピエンスだけが生き残ったのは、

「多数の見知らぬ者同士が、協力し柔軟に物事に対処する能力を、サピエンスだけが身につけたからだ。」

と書いてありました。

『サピエンス全史』ではこの部分だけでネアンデルタール人などとの生存競争を含め、１００頁余に及ぶ大作なので、すべてを引用するとそれだけで、この小品よりも大きくなってしまいます。巻末の訳者あとがき（下巻２６８頁7行）に見

事に要約した文がありましたのでそれを引用させてもらいました。

ライオンなど、協力して事に当たる例が見られますが、我々ホモ・サピエンスは、その協力の大きさ強さにおいて群を抜いて高度に発達しています。

その中で前記のように個性の差を建設的に組み合わせて事に当たった我々ホモ・サピエンスが最も繁栄したと思います。

4　発生の生産性

発生、何か新しいことを始める、発見、発明、「新たな地平を拓く」などと言ったりもします。

これは既に存在するものを成長させることや、既に大きな存在物を維持することよりも、無意味になってしまう可能性が高いと思います。

それは、本来実験室の中で行われるべきことです。

たとえば工業製品では、アイデアのほとんどは没となり、ほんのわずかな例が実験室の中で慎重に検討が重ねられます。

また、その内のごく一部が少しずつ市場へ出されます。

それらをいきなり市場へ投入する会社があれば、たちまち倒産してしまうでしょう。

ところが社会の様々な場面、たとえば政治や経済においては、必ずしも実験室が準備されているわけではありません。

たとえ建設的なものであっても、新しい物事というのは、概ね欠点があり、洗練されてもいません。

かつての共産主義経済のように、人類社会を絶滅の瀬戸際にまで追い込んだ大失敗さえ起こり得ます。

発生、発明、発見、の生産性は極めて低いものです。

4　発生の生産性

思うに、ホモ・サピエンスの歴史の大半は文字のない状態だったでしょう。その中において物事のありようは、新しい物事や方法が「発生」しても、記録して残すことができず、現れては消え、現れては消え、の繰り返しになっていたと思います。

つまり発生、成長、維持、という三つの要素の内、「発生」が現代よりずっとたくさん必要だったと思われます。

しかし、近年、ほんの数千年前、物事を記録して残すことができるようになりました。

そうすると、何か事にあたって、これは以前にあった、それも以前にあった、となって「発生」の出番が少なくなります。

不要になったものは消えるのが物事の道理で、人類の血液型の遺伝子B、O、A、の中で、「発生」を担うBが不要として減ってしまったのだと思います。


中世ヨーロッパの魔女狩りで、「冬に花を咲かせた」という理由で友人の妻を魔女と判定せざるをえなかった裁判官がいたという話を読んだことがあります。

誰の本だったか、ちょっとはっきりしません。カール・セーガンだったかも知れません。

現代世界でもB型の多い東アジア、南アジア、中東などで戦争が多いのもB型が淘汰されつつある過程のようにも思われます。

4　発生の生産性

淘汰というのは、何とも凄まじいものだと思います。

5　分業

事において、発生と成長と維持を別々の人が担当する。これは分業です。分業といえば『諸国民の富』です。ここにちょっと引用してみたいと思います。

我々が自分たちの必要とする相互的な世話の大部分を、同意により、交易により、また購買によってたがいにうけとりあうように、もともと分業をひきおこすのもまた、これと同一の、取引するという性癖なのである。たとえば、狩猟民または牧羊民の種族のなかで、特定の者が他のだれよりも手ばやく巧妙に弓矢をつくるとしよう。かれは、弓矢をその仲間の家畜や鹿の肉としばしば交換し、そうするうちに、けっきょくこういうふうにするほうが自分で野原にでかけて行ってそれらを捕まえるよりもいっそう多くの家畜やしかの肉を獲得できる、ということを発見するようになる。

それゆえ、自分自身の利益に対する顧慮から、弓矢の製造ということがだんだんとかれのおもな仕事になるのであって、そこでかれは一種の武器製造人になる。

もう一人は、自分たちの小さい小屋または移動小屋の骨組みや屋根の製作にひいでている。かれはこの方面でよくその隣人に役立ち、隣人はまた同じようにしてかれに家畜や鹿の肉を報酬としてあたえ、そうするうちに、かれはこの仕事に献身するのが自分の利益だということをさとるようになり、そこで一種の家大工になる。

同じようにして、第三の者はかじ屋か真鍮細工人になり、第四の者は野蛮人の衣服の主要部分をなしている生皮またはなめし皮のなめし屋か仕上屋になる。

つまり、このようにして、自分自身の労働の生産物の余剰部分のなかで、自分自身の消費をこえてあまりあるすべてのものを、他の人々の労働の生産物で、自分が必要とするであるような部分と交換しうるという「確実性」が、あらゆる人を刺激して特定の職業に専念させ、その特定の種類の仕事についてかれが持っている才能または天分がおよそどのようなものであろうとも、それを発展させ、完成させるのである。

(『諸国民の富』(一)、アダム・スミス著、大内兵衛・松川七郎訳、岩波文庫120頁)

この続きは分業によって生産性が大変高くなるという説明になります。

B型、O型、A型、AB型、四つの血液型においても、それぞれその得意な資質を生かして、協力し合うとき、最も多くの成果を得られることを悟るようになり、彼らが最も繁栄したのだと思います。

アイデアを出すB型、成長させるO型、永く続くように型を創るA型、異質な者の間を調整するAB型、この四者が、互いに協力しあえるという「確実性」が大事です。

互いにその働きを価値あるものとして評価することが大切だと思います。

それあってこそ、次の展開をより得意な人に委ねることができると思います。

5　分業

6　発生、成長、維持、調整、の連携について

発生、成長、維持、この三者の連携が上手く行けば、建設的なことをなし得るのですが、それぞれは、それぞれその無限大化へと向かって動く傾向があると思います。

発生は、発生し続けようとします。
成長は、成長し続けようとします。
維持は、維持し続けようとします。

たとえば、「3　発生、成長、維持、調整、のサイクルについて」で述べた戦国の三傑では「発生」の織田信長はどこまでも、発生、発生、発生、と押して行

く傾向があったように思います。

桶狭間で作戦の新機軸を打ち出し、楽市楽座を始め、鉄砲の三段撃ちで武田騎馬軍団を討ち破りました。

西洋式鎧にマント、果ては散々パワハラしておいて、相手の鼻先で兵を連れずに泊まり、殺されてしまいました。

表のB型「差別なく心を開放」の短所「無用心」とあります。

明智光秀へのパワハラをどのように認識していたのか分かりませんが、いかにもB型らしい、不用心さです。

「成長」の豊臣秀吉は信長の跡を継いで全国を統一したのですが、止まれずにユーラシア大陸まで兵を進めてしまいました。

結果、自らの政権の基盤を弱めてしまいました。

パワハラ止めて下さい。
そうでないと伸び伸び
働けません。

「維持」の徳川家康は、幕藩体制をガチガチに固めた上に鎖国までして、３００年間も日本を世界の進歩から隔絶してしまいました。

これら、「発生」「成長」「維持」が、それぞれ単独に機能したのは、長い目で日本を見れば大変もったいないことです。

歴史に「ＩＦ」は禁句とは言うものの、つい想像してしまいます。

彼ら三人が、対等な発言力を持って協力していれば、１８６７年、明治維新の時点においてどのような日本であったのだろうかと。

もしも豊臣秀吉が、織田信長を恐れなくても良い立場だったら、「パワハラ止めてください。そうでないと伸び伸び働けません」と注文を付けられたでしょう。

朝鮮へは兵よりも交易の方がベターでは？
本能寺へ丸腰で出かけて大丈夫？

もしも徳川家康が、織田信長と気さくに話せる仲だったら、「本能寺へ、丸腰で出掛けて大丈夫？」と忠告できたかも知れません。

そうすれば、本能寺の変を防げたかも知れません。

朝鮮出兵に際しても、もしも徳川家康が豊臣秀吉を本当に大切な仲間だと思っていたら、「朝鮮へは兵よりも交易の方がベターでは？」と助言できたはずです。

そうすれば、無益な戦いを防ぐことができたのではないかと思います。

江戸幕府に対しても、もしも織田信長が生きていたら、「鎖国だけは止めてくれ。息が詰まる」と頼めたかも知れません。

そうすれば、３００年の遅れはなかったでしょう。

明治維新においても、西郷隆盛、大久保利通、木戸孝允、という維新の三傑と言われる元勲がいました。

先にも書きましたが彼らの血液型は、西郷隆盛はB型、大久保利通はO型、木戸孝允はA型、でした。

明治維新の頃は、戦国時代に比べれば、ずっと民主的だったと思われるので、もっと協力できたのではないかと悔やまれます。

そうすれば、西南戦争なんかもなしで済んだかも知れないと思います。

事ほど左様に、天然自然のままでは、「発生」「成長」「維持」「調整」の協力をいつもできるわけではありません。

四者が協力することの有効性を誰もが認識することが大切です。

「発生、成長、維持、調整、のサイクル」の普及が待たれます。

7　消えるB型　種内淘汰説

先に紹介した「血液型微生物説」にうろたえつつも、種外淘汰と種内淘汰は同時に存在し得ると思いますので、ここに「血液型種内淘汰説」を述べてみたいと思います。

どこへ行っても嫌われるB型。アインシュタインも、学問以外のことで教授たちに覚えが悪かったようです。

ウィキペディアの一節を引用しますと。

写真：ウィーンで講義するアインシュタイン（1921 年撮影）

アインシュタインは大学の講義にはあまり出席せず、自分の興味ある分野だけに熱中し、物理の実験は最低の「1」電機技術では優秀な「6」の成績を取っている。

大学時代は、化学の実験中に爆発事故を起こし、学校をパニックに陥れてしまったこともあった。

彼は教師に反抗的で、授業をよく休んだ。

1900年、7月チューリッヒ連邦工科大学を卒業したが、大学の物理学部長ハインリヒ・ウェーバーと不仲であったために、大学の助手になれなかった。

保険外交員、臨時の代理教員や家庭教師のアルバイトで収入を得つつ、論文の執筆に取り組んだ。

1901年、スイス国籍を取得。

スイスもまた兵役義務を課していたが、アインシュタインは偏平足・静脈瘤等の診断からこれを免除される。

１９０２年、友人のマルセル・グロスマンの父親の口利きでベルンの、スイス特許庁に３級技術専門職として就職した。

人類社会に大変な貢献をした、まさに「余人をもっては代え難い」人材も周囲の人には嫌われていました。

卒業後もそのまま大学に残って研究していれば、より多くをなし得ていたでしょう。

例の表のＢ型の気質特性をざっと見ても「これじゃあねえ～」と思う気質特性がたくさんあります。

Ｂ型の気質特性

「束縛嫌うマイペース」の長所「依存心依頼心少ない」

短所「我がまま勝手。個人プレー。独走」

「行動が型にはまらぬ」の短所「不作法。人もなげ」

「照れ性とヒネる表現」の短所「ぶあいそ」

「差別なく心を開放」の短所「無礼。上を上と思わぬ」

「周囲にとらわれない」の短所「厚かましい。無神経。察しが悪い」

「慣習ルール気にせぬ」の短所「非常識。秩序乱す。思いあがってる」

「感情の振幅が大きい」の短所「かんしゃく持ち」


など、他の血液型に比べて、いかにも相手を「ムッ」とさせる気質特性が多いように思います。

ニュートンやハッブルも随分性格が悪かったようですが、遺髪かなんか残っていないものでしょうか。

田中角栄という総理大臣がおられました。

今太閤と持て囃され政治の上で様々な実績を残されました。

日中国交回復や「日本列島改造論」なども有名です。

今日、日本中に新幹線が広がっているのは「日本列島改造論」の考え方だと思います。

しかし、ロッキード事件で失脚してしまいました。

能見正比古さんの血液型人間学から見て、A型かAB型の目付がいてくれればもっとずっと業績を挙げられただろうと感じられます。

最も彼のような、超大物の目付というのはなかなか大変で、これまたよほど腹の座った人でないと務まらないでしょうが。

私がB型と思っている織田信長の養育係の人は、彼の異常なありように責任を感じて自殺してしまいました。

養育係の人では包み切れなかったのでしょう。

彼の成長を認識して、大人の織田信長に抑えの効く人が目付についていれば彼はもっと多くの業績を上げることができたのではないかと思います。

本能寺の変も避け得たかも知れません。

しかし、「角を矯《た》めて牛を殺す」という諺もあります。

この目付であるためには十分な理解者である必要があります。B型に対して異質であるA型的性格要素を持ちながら、なおかつ十分な理解というのはなかなか難しいことです。

B型は創造的な資質だと思いますが、意識が種の外へ向いているので種の内への配慮が不足しがちになります。

B型は種外へ8種内へ2、A型は種外へ5種内へ5、O型は種外へ2種内へ8、数字はでたらめですが、イメージとしてそんな感じです。

どうしてそうなるのでしょう？

血液型物質が脳に及ぼす影響の研究が待たれます。

生化学的研究はその道の専門家にお任せするしかありません。

それでもなお、素人の常識的感覚として、ある人の全能力を10とした時、その人の意識が種の外、つまり人以外へ向いていれば、種の中、つまり人には心配りが不足してしまうのではないかと思われます。

結果、Ｂ型は不人気になってしまいます。

種外の敵、熊や狼、有害な微生物などを克服した時、個々の人にとって最も大きな問題は、同じ資源を取り合って競い合う人です。

また、競うために協力し合う仲間としての人です。

新しい地平を拓くＢ、人を募って事に当たるＯ型、周囲に気を配るＡ型、この組み合わせで人類の今日の繁栄を築きました。

種外の敵を駆逐し、地球上に人が満ち満ちた現代、意識が種の外へ向いているため、種内つまり人に対して気配りが不足しがちなＢ型の、他人に対する無神経さが嫌われています。

もちろん、Ｂ型の人も、それぞれその人の能力なりに、後天的に努力はするのですが、先天的に意識が種内へ向いているＯ型やＡ型に比べるとやはり、少し劣るのではないかと思います。

これはもう、地球のような星に於ける知的生命の限界かとも思われます。山は数千メートル、木は数十メートル、知的生命の繁栄は……。

太古の時代、人がまだ今日のように繁栄していなかった時代、熊、狼や有害な微生物が人の生存を脅かす主たる敵でありました。

そういう時代には種の外へ意識が向く気質が生存のために貴重でした。

しかし、やがて人類が繁栄し、熊や微生物は深刻な脅威でなくなった時、この時、天敵がいなくなった時、人にとって同じ種である人が生存を脅かす最大の敵となります。

種内淘汰の時代のはじまりです。

入学試験やスポーツなどのように切磋琢磨して、より生存する力を高められれば良いのですが。

しかし、天敵がいないので、「生存の力を高めないような競争」になってもその動きを抑制する力が働きません。

性淘汰で容姿に拘ったり、自分に関わることに影響力を持つ人に「よいしょ」

したりする傾向を抑制する力が働きません。

こんな時、天敵がいればそのような非建設的な動きを排除してくれるのですが、もはや人類を規制する天敵はいません。

ノーベル賞を受賞したコンラート・ローレンツという生物学者の本に「進化の袋小路」という言葉がありました。

たとえばヘラジカの雌は雄の角がより大きい方に性的魅力を感じる。

それは際限がなく、今日ヘラジカという種が存在し得ているのは角が大きすぎて逃げ足が遅くなってしまった雄を狼が食べてしまうからだ、とありました。

もう一つ例を挙げればキジ科のセイランという鳥の雌は、雄の見事な斑紋のついた大きな翼に反応するそうです。

大きければ大きいほど強く反応するので、より大きくなる方へ種内淘汰が働きます。

ついには翼が大きくなりすぎて飛びにくくなり、天敵に捕まってしまいます。

事ほど左様に、容姿で異性を選んだり、上司に「よいしょ」で出世したりしていると、人類全体を見た時、その生存のための力を弱めてしまうことになります。

種外の敵をほとんどやっつけてしまって、人が本当の脅威と感じるのが種内の敵つまり人、となった時、深刻な種内淘汰になります。

そこで最終的に生き残るのは、最も種内淘汰に適応した資質でしょう。

その資質は種外の敵には極めて弱い存在でしかないと思われます。

ですから、その時強力な種外の敵が現れると、その種は一溜まりもなく滅ぼされてしまいます。

私はネイティブ・アメリカンにこの例を感じます。彼らの血液型分布はO型が非常に多くなっています。

私はこのことを前記のような種内淘汰の結果だと思います。

ここのところが「血液型微生物説」と違うので、いささかうろたえます。

種内淘汰というのは共食いのイメージがあって、「血液型微生物説」の方が心理的抵抗は少ないのですが、私にはどうしても、人が人を追い詰めているように思えてなりません。

私の考えでは、人がベーリング海峡を超えてアメリカ大陸に渡った時、O型以外の血液型の人もたくさんいただろうと想像します。

広大な沃野に広がっていきます。

そうして大型肉食獣をやっつけ、公衆衛生を行き渡らせて微生物を排除します。

そのようにしてすべての種外の敵を克服します。

そして、ヨーロッパはあまりに遠い、というより、存在すら知らなかった可能性が高いように思います。

そこで、種内淘汰が始まります。

結果、私が「血液型人間学」から見て最も種内淘汰に適応したと思われるところの、O型が、圧倒的多数を占めるようになったのではないか、と思います。

そこへやって来たのはヨーロッパ人。

ヨーロッパ人は同じ種である人なのですが、大変異質な存在ですので、この場では種外の敵と想定して話します。

民族外淘汰、民族内淘汰という表現の方が適当かも知れません。

あまり聞きなれない言葉を持ち出したくないので、ここでは取りあえず種外淘汰、種内淘汰と表現しておきます。

私の考えでは、種内淘汰に最も適応したO型が圧倒的に多いネイティブ・アメリカンは、新たな脅威であるヨーロッパ人に対応できず、衰退してしまったのではないかと思います。

今、地球外知的生命探査が行われています。

1960年代頃から始まったようですから既に数十年、未だ地球外知的生命は発見されていません。

宇宙の知的生命全般に、ネイティブ・アメリカンと同じような経過があるのではないかと心配です。

昔、「2001年宇宙の旅」という映画がありました。

今、2018年、人類の宇宙開発は未だこの映画のレベルに達しておりません……。

8　恒星間飛行

ＵＦＯは何故来ない？

宇宙開闢《かいびゃく》以来１３８億年。知的生命の電波を求めて宇宙にアンテナを向けた時、ワーとたくさんの知的生命からの電波を受信する可能性もありました。

たくさんのジェット機が飛行機雲を引いて飛び交うように、葉巻型ＵＦＯやお皿型ＵＦＯがＵＦＯ雲を引いて飛び交う姿が見られたかも知れません。

しかし、現実は電波もＵＦＯも見当たりません。

ある惑星で知的生命が繁栄すると、徐々に種内淘汰の割合が増えます。

その場合、その知的生命体の中において、その生物の能力、活力を、最も種内淘汰に適応させた個体が最も生存に有利になります。

最終的には最も種内淘汰に適応した個体ばかりになります。

その状況で種外の問題が発生した時、対応能力は極めて低いものであらざるを得ません。

長い時間の中で、次々と種外の問題が発生し、やがて克服できない問題が起きた時、その知的生命は滅びざるを得ません。

私には、これがＵＦＯが来ない理由の一つに思えます。

知的生命からの電波さえ発見されない理由の一つに思えます。

知的生命は、この宇宙が続く限り、知力を尽くして生存環境を確保し、より広い空間に、より永く、生き続けよう、宇宙の隅々まで、宇宙が存在する限り永遠に、と努力すると思われますが、現状は、それに十分な成果を挙げている知的生命はいないように思われます。

宇宙開発は初期の段階を終えて、個々に目標を定める段階になってきました。

気象衛星や測地衛星、ＩＳＳの科学実験、火星移住、さらにはスペースコロニー、これくらいならば、まだ実利を得る可能性があります。

しかし、恒星間飛行となると近い将来に、「実利」を得る可能性は低いと思われます。

少なくとも現実主義者にはそう映ると思います。

理想主義者が回収できない投資を行っている間に、現実主義者が地球の上で勢力を伸ばすでしょう。

宇宙に知的生命を探して数十年、未だ発見できないのはこのような事情もあるのではないでしょうか。

私は人類以外の知的生命に大変興味があります。

しかし、それが発見されない時、大抵の知的生命は、その恒星系の中で生命の全過程を終えて消えていくようにも思われます。

「それで良いではないか、能力なりに楽しくやって、その能力で許されなくなったら粛々と消えるだけ」


という考え方もありかとは思います。

そうなった時、「新たな地平を拓く」存在は必ずしも、必須ではありません。

ただ、粛々と消えていくのみです。

それでもなお！　ふと思うのですが。

ビックバンの直後までは解明されているが、ビックバンの瞬間は現代の物理法則が通用しないので解明されていません。

しかし、ビックバンは実際にありました。

これは、人類がまだ知らない物理法則があるということです。

この物理法則が発見されたら、人類の未来に新たな展望が開けるかもしれません。

9　種内淘汰とは？

自分で書いておきながらよく分からない「種内淘汰」。

早速ネットで調べました。

一番に表示されたのは「性淘汰　ウィキペディア」でした。

結局はそういうことのようです。

熊や狼、有害な微生物などと闘って生き残る種外淘汰、そして、世代を繋ぎます。

同じく、敵対する人や人集団と闘って生き残る種内淘汰、そして、世代を繋ぎます。

人が生き残って世代を繋ぐための努力です。

若い頃、集団見合いへ参加したことがあります。ある女性の、お相手への希望欄に「B型お断り」とあるのを見ました。

血液型のことです。O型やA型、ＡＢ型に比べて、B型の人とは、「お近づきになりたくない」と宣言されたのです。

B型不人気です。種内淘汰の場面で形勢不利です。

B、O、A、と三つの遺伝子を見た時、Oが一番多く次いでA、そしてBが一番少ないように思われます。

時代は種内淘汰です。

素粒子の世界や宇宙の彼方には不思議が一杯だ！　と言っても通じません。

激しい種内淘汰の嵐の中では「ちょっとしたエピソード」に過ぎません。

昔は熊や狼、有害な微生物など種外の敵が本当に危険な脅威で、命の危険を感じながらそれら種外の敵と真剣に闘っていました。

今日、素粒子や宇宙、さらには高等数学の課題などは、それ自体が命懸けで取り組む危険、脅威、というほどには思われません。

高等数学の課題に、結婚もせず友人も作らず、人生のすべての時間をかけて取り組む人を、ＴＶで見たことがあります。

高い知能を持った人では、こんな価値観もあり得るのか！　と驚きました。

しかし、これは人類の平均的な価値観からは少し離れているように思われます。

またネットで調べてみました。

私のいう種外の敵との戦いの例として宇宙開発、その費用は年間世界で約四兆円だそうです。

一方、種内の敵との戦いの例として軍事、その費用は年間世界で約八十兆円とのことです。

種内淘汰の例とした軍事費は、種外淘汰の例とした宇宙開発費の二十倍も使われています。

地球を越えて、太陽系を越えて、遥かな恒星を目指す、努力の、二十倍の努力が、種内の、つまり人と人との争いにつぎ込まれています。

地球を越えて太陽系を越えて遥かな恒星を目指して宇宙の隅々まで生存圏を広

げよう、という努力の二十倍の努力が、同じ種である人の中で気に喰わない連中をやっつけて、自分たち気の合う仲間だけで、地球の上で楽しく暮らそうという努力に費やされています。

そんな時代にあって、意識が種の外に向いているB型は種内淘汰の場面で形勢不利なのも当然です。

10　進化の袋小路

先に「7　消えるB型　種内淘汰説」でも書いたのですが、論点を明確にするためにコンラート・ローレンツの著作から表題の部分を引用させてもらいます。

これらの敵対闘争と関係してふれておきたいと思うのは、完全に種の内部だけで行われる淘汰の結果できあがった形態や行動様式には、適応力を欠いているばかりでなく、種の保存を直接そこなうような場合があるということだ。

この事実は経験上、生物学者でない人々には思いがけないこと、いや矛盾したこととさえ思われるかも知れないが、これからおいおいに述べてゆくことがらの中で、もっとも大切なことなのである。

そのようなわけでわたしは前の章でも、家族を防衛するということ、つまり種の外の世界と対決することが敵対闘争を育て、この敵対闘争があって初めて防衛力を持つ雄たちが選び育てられたのだということを協調しておきたいのである。

外界へ向かって種を保つ働きとは何の関係もなく、かりに性的な敵対関係だけが一定の方向へ淘汰を行うとしたら、その結果生じる種は、場合によっては種自体にとっては何の役にも立たぬ、奇怪なものになってゆくことだろう。

たとえばシカの角は、明らかにライバルとの闘争に使われながら発達したもので、子孫をつくるのになくてはならないものの良い例だ。

それ以外にはご承知のように、角は何の役にも立たない。

捕食者に対して身を守るさいには、雄のシカですら前足のひづめを使うのであって、決して角は使わない。

ただトナカイは、いわば災いを転じて福とするというわけで、角の根本にいちばん近い幅広い枝でもって雪をかくことを「学んだ」。

雌によって行われる性的淘汰も、ライバル闘争とちょうど同じ役割を果たしていることが多い。

雄が多彩な羽毛とか奇妙な形態などで極端な装いをしている場合にであうと、この雄たちはもはや戦わず、相手を選んで決めるのは雌の方ではなかろうか、雄にはこの決定に対して異議を申し立てる「法的手段」はないのではあるまいか、という疑いを当然かけたくなる。

たとえばゴクラクチョウ、エリマキシギ、オシドリ、セイラン、の例がそうだ。

セイランの雌は、雄のみごとな斑紋のついた大きな翼に反応する。

求愛のとき、雄はそれを自分が言い寄った雌の目の前で広げて見せるのだ。

その翼は非常に大きいから、雄はほとんど飛べないくらいである。

しかも翼が大きければ大きい程雌は激しく興奮する。

一羽の雄が一定期間に生ずる子孫の数は、その翼の長さに正比例する。

それが極端に発達していることが、別の点で持ち主に不利になる場合がある。

たとえば彼ほど求愛の器官が気違いじみて発達していない競争相手よりも、遙かに早く捕食者に食われてしまう。

それでも彼はふつうと同じか、それ以上の数の子孫を残すのだ、だから翼が巨大になる素質は、種を保つという働きと完全に利益が一致しているのである。

かりにセイランの雌が、雄の翼にある小さな赤い斑点に反応するものであっても、いっこうさしつかえないように思われる。

この斑点ならば、翼をたたむと隠れて見えなくなるだろうし、飛ぶ能力も保護色もそこなうことがないだろう。

だがセイランの進化は、すでに袋小路に迷い込んでしまったのだ。

というのも、この雄たちは翼の大きさを競い合うことになった、言いかえると、この種はもう決して理にかなった解決策を見つけることはできないだろうし、この無意味な競争を今後も続けて「しまう」だろうからだ。

ここで始めて、わたしたちは系統発生学上の事件にであったわけである。たしかに、偉大な設計者が行なう盲目的な試行錯誤が、その結果ときどき目的にぴったりかなうとは言いかねる設計をすることがあっても、それは驚くにあたらない。

もとより自明のことだが、動物や植物の世界には、目的にかなうものと並んで、淘汰が選び出して捨てねばならぬほど目的からはずれてはいないというものも無数にある。

だがここでは、それとはまったく別のことが問題になっているのだ。合目的性をきびしく見張っている番人が、「大目に見て」二流の構造をパスさせてくれているばかりではない。

それどころか、ここで破滅に至る袋小路に迷い込んでしまったのは、淘汰それ自身なのだ。

淘汰は、同種の仲間たちの競争が、種外の環境と関係なしに単独で選択を行なう場合は、つねにそのようなことをするのである。

わたしの先生だったオスカール・ハインロートは、じょうだんめかしてこういうのがつねだった。

「セイランの翼と並んで、西欧の文明人の仕事のテンポは、種内淘汰のもっとも愚劣な産物だよ」と。

事実、商工業化された人類の仕事ぶりが、ますますせかせかしてきたのは、もっぱら同じ種の仲間どうしの競争によって起こる、目的からはずれた発展の好例である。

今日の人間は、マネージャー病、動脈の高血圧、真性萎縮腎、胃かいようをわずらい、神経症に悩まされ、文化に関心を払う暇がないから堕落して野蛮になる。

こんなことはみな不必要だろうに。

というのも、かれらはこれからはもっとゆっくり仕事をするよう協定を結ぶことがちゃんとできるだろうからだ。

いや、理論的にはできるはずだが、実際にはそれに成功する見込みがないことは明らかだ。

それはセイランの雄たちが、もっと短い翼をはやそうではないか、と決められないのと同じことである。

特に人間が、種内淘汰の悪い作用に身をゆだねているのには、はっきりした理由がある。

人間は他の生物とは比べものにならないほど、周囲の自分以外の敵対勢力をすべて支配するに至った。

クマとオオカミを人間は根こそぎにし、今では、人間が人間にとってオオカミである（**Homo hominilupus**）というラテン語のことわざが事実となったのだ。

近代アメリカの社会学者たちはこの事実を、かれら自身の分野ではっきりと把握している。

『隠れた説得者』という著書の中でヴァンス・パッカードは、商業競争が激化をたどる結果、ついに立ち至るかもしれないほとんど絶望的な状態をあざやかに描き出している。

この書を読むと、種内に限られた競争こそ、攻撃がそうでありうるよりももっと直接的な意味で「諸悪の根源」であるということを信じたくなる。

攻撃の種を保つ働きを扱うこの章で、なぜわたしが種内淘汰のもつ危険をこれほどに立ち入って論じたのかというと、それにはつぎのようなわけがあるからだ。

他のどんな特性や働きにもまして攻撃行動は、その破滅的作用によって、グロテスクな、目的からはずれたものとなりうるからである。

このことがいくつかの動物の場合、たとえばエジプトガン、ドブネズミでどのような結果を招いてしまったかは、あとの章でのべたい。

だがここであらかじめぜひ申し上げておきたいことは、わたしたち人間の骨の髄まで今日なお悪しき遺産となってしみ渡っているところの攻撃衝動が、数万年の間、つまり石器時代前期の間じゅうわたしたちの祖先に影響を及ぼし続けた淘汰の過程を通じて、破滅ぎりぎりのところまで来てしまったのはおそらく確かだということである。

人間が武器で身を固め、衣服をまとい、社会を組織することによって、外から人間を脅かす飢えや、寒さや、大きな捕食獣につかまるという危険をどうやら取り払い、その結果これらの危険がもはや人間を淘汰する重要な要因とはならなくなったとき、まさにそのときに種の内部に悪しき淘汰が現れてきたにちがいない。

こうなると淘汰の腕を振るうのは、敵対する隣り合わせの人間どうしがする戦争ということになった。

戦争はさまざまのいわゆる「軍人精神」を養い育てるのに役立ったに違いない。

そんな精神を今なお本気で養うに値する徳だと思っている人間が残念ながら多いのだが、このことについては、この書の終わりでふたたびふれたいと思う。

ライバル闘争が行う淘汰が有益だと言えるのは、闘争が、たんに種内の決闘の規約ばかりでなく、種の外部の敵との対決にも明るい戦士を養い育てる場合に限るのだということがわかった。

これを確認したうえで、もとの、種内ライバル闘争が種を保つ働きをもつというテーマへ戻ろう。

ライバル闘争のもっとも大切な働きは、家族を守る戦士を淘汰によって選び出すことにあり、このためにはさらに家族を守る際同じ種の仲間を攻撃するという働きもなくてはならない。

動物が自分の家族を守るために種を同じくする仲間を攻撃するのは自明のことだから、これについては何も付け加える必要はないと思う。

もしそれがどうしても疑わしいなら、家族を守るための仲間どうしの攻撃が存在する証拠として、次の事実をあげれば十分だろう。

片親だけで子を育てる動物の多くは、この片親だけが同じ仲間に対して実際に攻撃的なのであり、少なくとももう一方の異性の親とは比較にならないほど攻撃的なのである。

トゲウオ（イトヨ）ではこれが雄であり、多くの小型のシクリットでは雌なのだ。

ニワトリやカモの類でも雌だけが育児をするが、これらの雌はもちろんライバル闘争ということは別として、雄よりもはるかにけんか好きだ。

人間でも事情は似ているだろう。

前の章で述べたとおり、攻撃行動の働きには、同種の生物を生活圏内に分布させること、ライバル闘争による淘汰、子孫の防衛の三つがあるが、種を保つための攻撃の重要な機能はこれだけにとどまると思うのはまちがっているだろう。

さまざまの本能がおりなす大協奏曲の中で、攻撃がどれほど不可欠の役割を果たすか、またそれがどのようにして、一見攻撃とは何の関係もなく、いやそれどころか正反対のように見えるような行動の原動力となり「動機」となるかは、のちほどお話したいと思う。

生物の間にひろく存在するごく親密な個体どうしのつながりの中にこそ、はちきれるばかりの攻撃欲が盛り込まれていることは、逆説といおうか凡俗といおうか、ともかく事実なのだ。

それはそれとして、攻撃の自然史というこの書の中心問題にはいるまえに、もうひとつまったく別のことを申しあげておかなくてはならない。

攻撃本能は、まとまったひとつの生物体の中でさまざまの本能と民主的に作用し合いながら重要な働きをしているのであろうが、その個体内部での働きを理解することはたやすいことではなかろうし、ましてそれを描き出すのはなまやさしいことではない。

それに対して、今すぐにでもここで述べることができるのは、個体より上位にはあるけれども捕らえやすいひとつのまとまった組織、つまり社会的動物がたくさん集まって形づくる社会の内部で、攻撃の果たしている役割である。

高等な動物の組織だった社会生活が発達するために、それなしではすまされない秩序の原則は、いわゆる順位制である。

(『攻撃　悪の自然史』コンラート・ローレンツ　日高敏隆・久保和彦訳66〜72頁)


こうして、コンラート・ローレンツの話に興味は続くのですが「進化の袋小路」からは遠ざかっていくのでここまでとします。

先にも述べたように、私は軍事力を無意味な種内淘汰と思っていたのですが、コンラート・ローレンツは、必ずしもそうは思っていないようですね。

もう一つ、行き過ぎた商業は、時に無意味な種内淘汰になる、と言っています。

単純に軍事は悪、商業は善とは言えないようです。

軍事にも種外淘汰に役立つ要素があり、商業にも非建設的な種内淘汰になってしまう場合があるようです。

11　人類における血液型分布の変化を想像してみる

昔、昔、太古の昔、地上の生物の中で人がまだ極々弱い存在であった頃、熊や狼、有害な微生物などが、命懸けで取り組むべき巨大な敵でした。

敵は種の外にあったのです。

その時代、気持ちが種の外に向いているB型が大いに活躍したのではないかと思います。

そして、人が繁栄して人口が増えると、人に対して気配りするA型が役に立ちます。

さらに人口が増えると、熊や狼、有害な微生物などよりも、同じ資源を奪い合う、同じ種である人が最大の敵となります。

この時、気持ちが最も種内に向いているO型が活躍します。

11　人類における血液型分布の変化を想像してみる

私は能見正比古さんの本を読んでこのように感じました。皆さんにも、ぜひ巻末の参考文献にある本を読んで頂きたいと思います。

ここでは話を進めるために、再度、「血液型エッセンス」の「血液型別、長所短所リスト」を掲載します。

B型の気質特性

	それが長所とみられるときは	それが短所とみられるときは
束縛嫌うマイペース	○自主性。独立心。依存心依頼心少ない。	×我がまま勝手。個人プレー。独走。
行動が型にはまらぬ	○気さく。飾らない。ザックバラン。	×無作法。脱線。人もなげ。ズボラ。
考え方型にはまらぬ	○柔軟思考。理解幅広い。アイデア豊富。	×散漫。いい加減。思いつき。信念ない。
照れ性とヒネる表現	○人がいい。かわいげ。ぶらぬ。面白い。	×ぶあいそ。ひねくれ。アマノジャク。
差別なく心を開放	○開放性。親しみ。庶民的。温かい人柄。	×無用心。無礼。上を上と思わぬ。
周囲にとらわれない	○細事を気にせぬ。心広い。我が道行く。	×厚かましい。無神経。察しが悪い。
慣習ルール気にせぬ	○創造的、進歩性。権威に屈せぬ。応変。	×非常識。秩序乱す。思いあがってる。
行動移行が早い	○決断と実行。エネルギッシュ。まめ。	×慎重さ不足。あわて者。落ちつきない。

判断は正確さを重視	○客観性に富む。公平。慎重。	×煮えきらぬ。白黒つけぬ。あいまい。
実用的具体的思考性	○計画が実際的。科学性がある。冷静。	×夢がない。哲学がない。信念に乏しい。
興味多方面で集中性	○こり性。仕事や研究熱心。粘り強い。	×興味本位。浮気性。専門がない。道草。
過去にややこだわる	○執念がある。反省心。経験を生かす。	×未練。思いきり悪い。グチが多い。
将来には楽観的態度	○前向き。開発開拓精神。大胆。若さ。	×考え甘い。一人よがり。そそっかしい。
感情の振幅が大きい	○感受性。人情味。正直で心を隠さぬ人。	×お天気屋。かんしゃく持ち。神経質。
神経の傷は完全回復	○淡泊。竹を割ったよう。ハラがある。	×バカみたい。だまされる。性こりない。
脱家庭的傾向がある	○仕事や社会に生きる。女々しくない。	×家庭、家族への責任感が乏しい。
興味関心重点の人生	○真理に生きる。名利超然。自分に忠実。	×社会性乏しい。いい意味の野心少ない。

O型の気質特性

	それが長所とみられるときは	それが短所とみられるときは
目的志向の強さ	○実行力あり。有能やり手。意志が強い。	×強引。仕事にムラ。手段を選ばない。
欲望がストレート	○情熱的。愛情が強い。直情。積極性。	×がめつい。所有欲、独占的。利己性。
力関係を敏感に意識	○向上心。いい意味の野心的。忠実。	×権力志向。出世主義。（逆に）卑屈。
勝負師性の烈しさ	○根性。負け嫌い。度胸あり。決断力。	×すぐ張り合う。協調乱す。粘りがない。
頭抑えられるの嫌う	○独立心。自主性。不屈。自尊心強い。	×けんか早い。反抗的。素直でなく強情。
ロマンチックな性情	○夢や理想がある。詩的。感動性に富む。	×子供っぽい。口先だけ。安っぽい。
判断行動が現実的	○実際的でしっかり者。生活力。大局観。	×計算高い。ぬけめがない。金銭ずく。
直線的な考え方	○率直。人がいい。直観力にすぐれる。	×単純。大ざっぱで緻密さ乏し。独断。

11　人類における血液型分布の変化を想像してみる

仲間作りと仲間意識	○暖かい。面倒見いい。友情。家族思い。	×派閥性。身内ばかり大事。えこひいき。
スキンシップな愛	○人間味。人なつっこい。開放性。	×ベタベタする。しつこい。人に干渉。
仲間外には警戒心大	○慎重。人に乗ぜられぬ。口が堅い。	×分けへだて。自己防衛過剰。神経質。
個性的な物事を好む	○個性尊重。独創性。周囲に流されぬ。	×変わり者。いかれてる。好き嫌い烈しい。
自己主張と自己表現	○表現力。明朗率直。意思持つ。指導性。	×出しゃばり。自己宣伝。一言多い。
言葉の使い方が巧み	○論理的。説得力がある。話が判りやすい。	×口だけ達者。理屈っぽい。言行不一致。
行動に原則を持つ	○信念的。行動が明快。コソコソしない。	×独断的。押しつけがましい。馬車馬。
感情が後に残らない	○淡泊。おおらか。寛容。ハラがある。	×いい加減。人の気持ちに無神経。
社会を強く意識する	○高い政治意識。人間関係を大事にする。	×人の好悪に神経質。政治的にすぎる。

A型の気質特性

	それが長所とみられるときは	それが短所とみられるときは
周囲や相手に心配る	○気がつく人。思いやり。サービス精神。	×周囲ばかり気にする。神経質。小心。
人間関係の平穏望む	○穏やか。人を立てる。付き合いがいい。	×事なかれ主義。八方美人。偽善的。
心を開くのが遅い	○だまされぬ。人をよく見る。甘えない。	×人を信じない。疑い深い。表面的。
ルール慣習を尊重	○公徳心。まじめ。羽目を外さない。	×しゃくし定規。自主性や批判性乏し。
秩序を重視する	○礼儀正しい。チーム行動大切にする。	×人に差別をつけすぎる。形式的だ。
行動や表現が抑制的	○節度。折り目正しい。出しゃばらぬ。	×腹が判らぬ。秘密主義。冷ややか。
型にはまりやすい思考	○常識性。堅実。挨拶行き届く。オトナ。	×融通性乏し。石頭。早合点。心が狭い。
白黒善悪のケジメ	○筋を通す。ハッキリしている。厳正。	×決めつけ過ぎ。理屈っぽい。がんこ。

将来に対して悲観的	○慎重。思慮深い。甘くない。用心深い。	×物事悪くとる。自信のなさ。クヨクヨ。
過去に楽観視の努力	○思いきりがいい。サッパリしている。	×反省乏し。負け惜しみ強がり。傲慢。
完全主義完成目ざす	○仕事丹念。責任感。粘り。根性。	×細部にこだわる。くどい。弁解多い。
継続的努力に耐久力	○我慢強い。努力家。自分に厳し。根性。	×受動的。言われたことやるだけ。
現状維持無為に弱い	○実行力。向上心。骨惜しみせぬ。マメ。	×気が短い。気が小さい。焦りやすい。
興味の集中継続弱い	○しつこくない。溺れぬ。中庸の精神。	×あきっぽい。徹底しない。根がない。
神経の傷の回復遅い	○負け嫌い。繊細。執念。プライド高い。	×恨みが長い。しつこい。執念深い。
心に現状脱皮を願望	○常に自己改造。現状に満足せぬ。理想。	×不平や愚痴が多い。思いつめやすい。
何かに役立つ生き甲斐	○使命感や道義心。犠牲的精神など高い。	×独善。きれいごと。一人だけいい子。

AB型の気質特性

	それが長所とみられるときは	それが短所とみられるときは
合理性に富む考え方	○理性的。知的。分析正確。しっかり派。	×ドライ。割り切り過ぎ。情薄。義理軽視。
批判分析長じ、好む	○シャープ。しゃれてる。センスがある。	×評論家姿勢。イヤミ。人の神経傷つく。
社会参加と貢献望む	○誠実。社会的義務感。奉仕の精神が大。	×無遠慮。謙遜さ乏し。功名心が多い。
人間関係調整が巧み	○ソツがない。ビジネス有能。公正さ。	×調子がいい。遊泳名人。常に第三者的。
社会で人と調和望む	○頼まれるとイヤと言えぬ親切。世話好き。	×人に引きずられる。自主性が足りぬ。
重要問題で意見求む	○慎重。民主的。大義名分重視。	×決断力不足。責任かぶらぬ。頼りない。
社会で感情抑制長ず	○沈着冷静。にこやか。いつも変わらぬ。	×事務的。平板。人間性や感激性少ない。
内輪で感情動揺がち	○激情家。繊細な神経。自分に忠実。	×気まま。取り乱しやすい。二重人格。勝手。

距離をおく対人性	○さっぱりしている。公平。派閥性少ない。	×クール。裸にならぬ。身内意識持たぬ。
人の裏表偽善憎む	○正義感が強い。道徳性。見ぬく目鋭い。	×好き嫌い烈し。寛容さ包容力に欠ける。
集中性高く持続性少	○能率的。要領ポイント早くつかむ。	×根気乏し。あきやすい。後始末しない。
考え方や解釈多角的	○多角経営巧い。企画性。考えが幅広い。	×言い訳こじつけ巧い。反省心少ない。
メルヘン的空想趣味	○夢がある。感動性。感傷的なやさしさ。	×子供っぽい。安っぽい。現実離れ。
趣味的で没頭しない	○淡泊。自制心。自分失わぬ。趣味広い。	×情熱不足。深味ない。泥にまみれない。
経済生活に理性的	○経営能力。生活力。家計に責任感。	×計算高い。ケチ。儀礼を軽視する。
生活最小限安定望む	○堅実。用心深い。寡欲でがめつくない。	×私生活守り過ぎ。冒険せぬ。個人主義。
力の闘争をさける	○平和的。権力意識少ない。控え目だ。	×野心がない。傍観的。腰が弱い。

※能見正比古さんの『血液型エッセンス』からの引用
（『血液型エッセンス』　サンケイ出版　１６０～１６３頁　血液型別、長所短所リスト）

どうでしょうか、
私には、

B型の　「考え方型にはまらぬ」　の長所「アイデア豊富」
「照れ性とヒネる表現」の長所「ぶらぬ」
「将来には楽観的態度」の長所「開発開拓精神」
「興味関心重点の人生」　の長所「真理に生きる」

などに種外の敵と闘う気質が感られます。

O型の　「勝負師性の烈しさ」　の短所　「すぐ張り合う」

「頭押さえられるの嫌う」の短所　「けんか早い」

「仲間作りと仲間意識」の長所　「友情。家族思い」

「仲間外には警戒心大」の短所　「分けへだて、自己防衛過剰」

「社会を強く意識する」の長所　「高い政治意識」

短所　「人の好悪に神経質」


などに、もはや種外の敵はなく、時に同じ資源を奪い合う同じ種である人を敵と味方に峻別する姿勢、を感じます。

A型の　「周囲や相手に心配る」　の長所　「気が付く人」
「人間関係の平穏望む」　の長所　「穏やか。人を立てる。付き合いがいい」

「ルール慣習を尊重」の長所「公徳心」

「秩序を重視する」の長所「礼儀正しい」

「行動や表現が抑制的」の長所「節度。出しゃばらぬ」

「型にはまり易い思考」の長所「挨拶行き届く」

「何かに役立つ生甲斐」の長所「使命感や道義心。犠牲的精神など高い」


などに、増えた人の中で平和にやっていこうと思う気質を感じます。


ＡＢ型の「社会参加と貢献望む」の長所「奉仕の精神が大」

「人間関係調整が巧み」の長所「公平さ」

「社会で人と調和望む」の長所「世話好き」

「距離をおく対人生」の長所「公平。派閥性少ない」

「人の裏表偽善憎む」の長所「道徳性」

「考え方や解釈多角的」　の長所「考えが幅広い」
「力の闘争をさける」　の長所「平和的。権力意識少ない」
　　　　　　　　　　　短所「野心がない」

などに異質なものを繋ぎ合わせることの巧みさを感じます。

現代、地球の上の生命のありようは、人が圧倒的多数になり人の種内淘汰が、生きるための戦いの主戦場なので、O型的見解が一番近いように思われます。そうであってみれば、遺伝子でいうO形質がB、A、に比べて圧倒的に多いのも当然の帰結かも知れません。

このようなことで私は、太古の時代、まだ種外の敵と生存競争を繰り広げていた頃はB型が多かったのではないかと思います。

その後種外淘汰と種内淘汰のバランスが　種内淘汰へ移って来ると共にAへ、そしてOへと勢力が移って来たのではないかと思います。

私はこのように、能見正比古さんの血液型人間学から、人は人類発生の当初は種外の敵と闘っていて、その頃は気持ちが種外へ向いているB型が多くいたと思っています。

そして、種外の敵を克服した後、同じ資源を奪い合う種内の敵、人、が一番の脅威となった時、気持ちが種内へ向いているO型が増えてきたと思います。

しかし、先に書いた「血液型微生物説」では、初めO型がいてその後、微生物の遺伝子が人の遺伝子に入り込む「トランスフェクション」という現象の結果、B型やA型ができたと書いてあります。

藤田紘一郎さんの『血液型の科学』80～86頁です。

AB型にいたってはごく最近、ほんの千年前に出現したそうです。

古代の遺跡から出土した人骨などの血液型はどうなのでしょう。大変興味があります。

前記、藤田紘一郎さんの本からの引用は「血液型人間学に対する反対意見について」の章に記載しましたので、読み進めた先で確認してください。

12　魔女狩り

欧米にはＢ型が少ないです。

欧米社会のルーツである中世ヨーロッパでは魔女狩りがありました。

先の表にあるように、能見正比古さんの血液型人間学に照らしてみると、Ｂ型が多くターゲットになっていたように思われます。

どうでしょう、
「我がまま勝手」で
「ぶあいそ」おまけに
「無礼」で
「厚かましい」……。

そんなB型に接して、
「力関係を敏感に意識」して
「仲間意識」が強くて
「仲間外には警戒心大」
なO型が
「指導性」
を発揮して顔見知りであるB型の彼や彼女を、魔女に陥れてしまったのではないかと思います。

先にも書きましたように、著者ははっきり覚えていません、カール・セーガンだったかも知れません。

その本に、ある裁判官が友人の妻を、「冬に花を咲かせた」という理由で魔女と判定せざるを得なかった、という話を読んだことがあります。

冬に花を咲かせるなどということは、いかにもアイデアマンのB型らしいことのように思われます。

普段、

「ぶあいそ」で

「厚かましい」

女が「冬に花を咲かせた」時、日頃苦々しく思っていたO型が「あの女は魔女だ」と言い立てたのかも知れません。

そんな風に多くのB型が焼き殺されたのではないかと思います。

その結果、欧米社会でB型が極端に少なくなってしまったのではないかと思います。

私にはB型の心は主に種外に向いているので、種内つまり人には警戒心も関心も薄いように思われます。

O型と逆です。

時代は種内淘汰ですので、心あるB型は、それぞれその能力なりに後天的に努力して人にも心を配るのですが、先天的に人への関心が強いO型やA型には敵いません。

ふっと気が緩んだ時、隙ができてしまいます。

後で書きますが、B型の西郷隆盛が「殿は田舎者でいらっしゃる」と言って、島流しにされてしまったそうですが、前記のような隙があったのではないかと思います。

そもそも、B型は種外の敵が優勢な時代に活躍した気質だと思います。そうであってみれば、同じ種、つまり人は基本的にすべて仲間と感じるのではないかと思います。

B型的感覚では「殿は田舎者でいらっしゃる」くらいはパンチの効いたジョークくらいの気持ちだったかも知れません。

私が思いますに、O型やA型が人に気を遣うのは、基本的に、人は自分にとって、敵とも味方ともなる重要な存在だと理解しているからでしょう。

習い性となり、気配りが喜びともなるでしょう。

しかしそれは、たとえば、ＳＥＸやお金儲けがそうであるように手段が目的化したもののように思われます。

相手にしても、それはそれで心地よいものですが、独立独行で人に気を使わないＢ型も、気使い無用でそれもまたほっとします。

公園の小さな池のさざ波も冬の銚子沖の数十メートルの大波も原因は同じく風です。

学校で問題になっているいじめ、社会の様々なところで起きるハラスメントも、さらには戦争などの大きな問題も、基本的原動力は、この血液型による性格の違いなのではないかと思います。

地動説も進化論も、定着するのに大変長い時間がかかりました。

激しい論争もありました。

主張を曲げずに焼き殺された人まで出ました。

それでも、「血液型種内淘汰説」ともいうべき、この考え方は確かな現実と思われます。

この研究は人類社会に多大な貢献をすると思います。

地動説や進化論よりずっと身近な問題ですから、もっと激しい論争になるかも知れません。

遠く離れた国や地域はもとより、横にいる人、普段親しく付き合っている人でさえも、大切な仲間であるとともに、激しい競争をする敵でもある、というのですから、なかなか、すぐに受け入れるのは難しいかも知れません。

しかし、この研究は、人類社会に大きな貢献になると思います。

地動説や進化論よりずっと身近な問題なので大変大きな影響を及ぼすと思いますが、是非とも研究する必要がある、と思います。

そして、B型、O型、A型、ＡB型の相互理解を進めるべきだと思います。

そうすればこの世のトラブルの、すべてとは言わないまでも、かなりの部分は防げると思います。

ブラッドタイプ・ハラスメントを危惧する人は猛反対するかもませんが、学校などでの、「いじめっ子」の血液型と「いじめられっ子」の血液型を調べてみるのはどうでしょうか。

平均分布と比べてみて、差が出なければ、原因と思われる可能性の一つを消すことができます。

もし、平均分布との差が出れば、それは、問題解決の強力なヒントになります。

13　再度、血液型人間学に照らしてみる

先にB、O、A、ABが協調する要素を、能見正比古さんが提唱される血液型人間学から探ってみました。

今度は性格の違いの故に互いに反発し合う要素を探ってみます。

再々、再度の掲載になりますが読者の皆様にも論点を確認しながら考えて頂きたいので、ここに表示します。

B型の気質特性

	それが長所とみられるときは	それが短所とみられるときは
束縛嫌うマイペース	○自主性。独立心。依存心依頼心少ない。	×我がまま勝手。個人プレー。独走。
行動が型にはまらぬ	○気さく。飾らない。ザックバラン。	×無作法。脱線。人もなげ。ズボラ。
考え方型にはまらぬ	○柔軟思考。理解幅広い。アイデア豊富。	×散漫。いい加減。思いつき。信念ない。
照れ性とヒネる表現	○人がいい。かわいげ。ぶらぬ。面白い。	×ぶあいそ。ひねくれ。アマノジャク。
差別なく心を開放	○開放性。親しみ。庶民的。温かい人柄。	×無用心。無礼。上を上と思わぬ。
周囲にとらわれない	○細事を気にせぬ。心広い。我が道行く。	×厚かましい。無神経。察しが悪い。
慣習ルール気にせぬ	○創造的、進歩性。権威に屈せぬ。応変。	×非常識。秩序乱す。思いあがってる。
行動移行が早い	○決断と実行。エネルギッシュ。まめ。	×慎重さ不足。あわて者。落ちつきない。

13　再度、血液型人間学に照らしてみる

判断は正確さを重視	○客観性に富む。公平。慎重。	×煮えきらぬ。白黒つけぬ。あいまい。
実用的具体的思考性	○計画が実際的。科学性がある。冷静。	×夢がない。哲学がない。信念に乏しい。
興味多方面で集中性	○こり性。仕事や研究熱心。粘り強い。	×興味本位。浮気性。専門がない。道草。
過去にややこだわる	○執念がある。反省心。経験を生かす。	×未練。思いきり悪い。グチが多い。
将来には楽観的態度	○前向き。開発開拓精神。大胆。若さ。	×考え甘い。一人よがり。そそっかしい。
感情の振幅が大きい	○感受性。人情味。正直で心を隠さぬ人。	×お天気屋。かんしゃく持ち。神経質。
神経の傷は完全回復	○淡泊。竹を割ったよう。ハラがある。	×バカみたい。だまされる。性こりない。
脱家庭的傾向がある	○仕事や社会に生きる。女々しくない。	×家庭、家族への責任感が乏しい。
興味関心重点の人生	○真理に生きる。名利超然。自分に忠実。	×社会性乏しい。いい意味の野心少ない。

O型の気質特性

	それが長所とみられるときは	それが短所とみられるときは
目的志向の強さ	○実行力あり。有能やり手。意志が強い。	×強引。仕事にムラ。手段を選ばない。
欲望がストレート	○情熱的。愛情が強い。直情。積極性。	×がめつい。所有欲、独占的。利己性。
力関係を敏感に意識	○向上心。いい意味の野心的。忠実。	×権力志向。出世主義。（逆に）卑屈。
勝負師性の烈しさ	○根性。負け嫌い。度胸あり。決断力。	×すぐ張り合う。協調乱す。粘りがない。
頭抑えられるの嫌う	○独立心。自主性。不屈。自尊心強い。	×けんか早い。反抗的。素直でなく強情。
ロマンチックな性情	○夢や理想がある。詩的。感動性に富む。	×子供っぽい。口先だけ。安っぽい。
判断行動が現実的	○実際的でしっかり者。生活力。大局観。	×計算高い。ぬけめがない。金銭ずく。
直線的な考え方	○率直。人がいい。直観力にすぐれる。	×単純。大ざっぱで緻密さ乏し。独断。

仲間作りと仲間意識	○暖かい。面倒見いい。友情。家族思い。	×派閥性。身内ばかり大事。えこひいき。
スキンシップな愛	○人間味。人なつっこい。開放性。	×ベタベタする。しつこい。人に干渉。
仲間外には警戒心大	○慎重。人に乗ぜられぬ。口が堅い。	×分けへだて。自己防衛過剰。神経質。
個性的な物事を好む	○個性尊重。独創性。周囲に流されぬ。	×変わり者。いかれてる。好き嫌い烈しい。
自己主張と自己表現	○表現力。明朗率直。意思持つ。指導性。	×出しゃばり。自己宣伝。一言多い。
言葉の使い方が巧み	○論理的。説得力がある。話が判りやすい。	×口だけ達者。理屈っぽい。言行不一致。
行動に原則を持つ	○信念的。行動が明快。コソコソしない。	×独断的。押しつけがましい。馬車馬。
感情が後に残らない	○淡泊。おおらか。寛容。ハラがある。	×いい加減。人の気持ちに無神経。
社会を強く意識する	○高い政治意識。人間関係を大事にする。	×人の好悪に神経質。政治的にすぎる。

A型の気質特性

	それが長所とみられるときは	それが短所とみられるときは
周囲や相手に心配る	○気がつく人。思いやり。サービス精神。	×周囲ばかり気にする。神経質。小心。
人間関係の平穏望む	○穏やか。人を立てる。付き合いがいい。	×事なかれ主義。八方美人。偽善的。
心を開くのが遅い	○だまされぬ。人をよく見る。甘えない。	×人を信じない。疑い深い。表面的。
ルール慣習を尊重	○公徳心。まじめ。羽目を外さない。	×しゃくし定規。自主性や批判性乏し。
秩序を重視する	○礼儀正しい。チーム行動大切にする。	×人に差別をつけすぎる。形式的だ。
行動や表現が抑制的	○節度。折り目正しい。出しゃばらぬ。	×腹が判らぬ。秘密主義。冷ややか。
型にはまりやすい思考	○常識性。堅実。挨拶行き届く。オトナ。	×融通性乏し。石頭。早合点。心が狭い。
白黒善悪のケジメ	○筋を通す。ハッキリしている。厳正。	×決めつけ過ぎ。理屈っぽい。がんこ。

将来に対して悲観的	○慎重。思慮深い。甘くない。用心深い。	×物事悪くとる。自信のなさ。クヨクヨ。
過去に楽観視の努力	○思いきりがいい。サッパリしている。	×反省乏し。負け惜しみ強がり。傲慢。
完全主義完成目ざす	○仕事丹念。責任感。粘り。根性。	×細部にこだわる。くどい。弁解多い。
継続的努力に耐久力	○我慢強い。努力家。自分に厳し。根性。	×受動的。言われたことやるだけ。
現状維持無為に弱い	○実行力。向上心。骨惜しみせぬ。マメ。	×気が短い。気が小さい。焦りやすい。
興味の集中継続弱い	○しつこくない。溺れぬ。中庸の精神。	×あきっぽい。徹底しない。根がない。
神経の傷の回復遅い	○負け嫌い。繊細。執念。プライド高い。	×恨みが長い。しつこい。執念深い。
心に現状脱皮を願望	○常に自己改造。現状に満足せぬ。理想。	×不平や愚痴が多い。思いつめやすい。
何かに役立つ生き甲斐	○使命感や道義心。犠牲的精神など高い。	×独善。きれいごと。一人だけいい子。

ＡＢ型の気質特性

	それが長所とみられるときは	それが短所とみられるときは
合理性に富む考え方	○理性的。知的。分析正確。しっかり派。	×ドライ。割り切り過ぎ。情薄。義理軽視。
批判分析長じ、好む	○シャープ。しゃれてる。センスがある。	×評論家姿勢。イヤミ。人の神経傷つく。
社会参加と貢献望む	○誠実。社会的義務感。奉仕の精神が大。	×無遠慮。謙遜さ乏し。功名心が多い。
人間関係調整が巧み	○ソツがない。ビジネス有能。公正さ。	×調子がいい。遊泳名人。常に第三者的。
社会で人と調和望む	○頼まれるとイヤと言えぬ親切。世話好き。	×人に引きずられる。自主性が足りぬ。
重要問題で意見求む	○慎重。民主的。大義名分重視。	×決断力不足。責任かぶらぬ。頼りない。
社会で感情抑制長ず	○沈着冷静。にこやか。いつも変わらぬ。	×事務的。平板。人間性や感激性少ない。
内輪で感情動揺がち	○激情家。繊細な神経。自分に忠実。	×気まま。取り乱しやすい。二重人格。勝手。

距離をおく対人性	○さっぱりしている。公平。派閥性少ない。	×クール。裸にならぬ。身内意識持たぬ。
人の裏表偽善憎む	○正義感が強い。道徳性。見ぬく目鋭い。	×好き嫌い烈し。寛容さ包容力に欠ける。
集中性高く持続性少	○能率的。要領ポイント早くつかむ。	×根気乏し。あきやすい。後始末しない。
考え方や解釈多角的	○多角経営巧い。企画性。考えが幅広い。	×言い訳こじつけ巧い。反省心少ない。
メルヘン的空想趣味	○夢がある。感動性。感傷的なやさしさ。	×子供っぽい。安っぽい。現実離れ。
趣味的で没頭しない	○淡泊。自制心。自分失わぬ。趣味広い。	×情熱不足。深味ない。泥にまみれない。
経済生活に理性的	○経営能力。生活力。家計に責任感。	×計算高い。ケチ。儀礼を軽視する。
生活最小限安定望む	○堅実。用心深い。寡欲でがめつくない。	×私生活守り過ぎ。冒険せぬ。個人主義。
力の闘争をさける	○平和的。権力意識少ない。控え目だ。	×野心がない。傍観的。腰が弱い。

※能見正比古さんの『血液型エッセンス』からの引用

（『血液型エッセンス』　サンケイ出版　１６０～１６３頁　血液型別、長所短所リスト）

たとえば

Ｂ型の「束縛嫌うマイペース」な気質特性は、

それが短所と見られる時、「我まま勝手」と思われて、

「仲間作りと仲間意識」のＯ型や、

「秩序を重視する」Ａ型は 反発するでしょう。

Ｂ型の「行動が型にはまらぬ」気質特性が短所とみられる時、

「不作法」と思われて、

「力関係を敏感に意識」するＯ型や、

「ルール習慣を尊重する」Ａ型は反発するでしょう。

B型の「照れ性とヒネる表現」が短所として「ぶあいそ」と見られる時、「社会を強く意識する」ことで「人の好悪に神経質」なO型には、攻撃すべき敵、と映ってしまうかも知れません。また、「周囲や相手に心配る」A型には不快に思われるかも知れません。

拾いだせば限りがないのですが、最後にもう一つ調べてみましょう。

B型の「差別なく心を開放」は種内、つまり人をすべて味方と感じる気質のように思われます。

それは、人がまだ弱い存在で、その最大の脅威が種の外にあった時代の所産のように思われます。

これは「仲間外には警戒心大」で「自己防衛過剰」なO型には、敵か味方か分からぬ怪しい奴と思われるかも知れません。

また「心を開くのが遅い」A型は怖がって逃げ出すかも知れません。

先に述べたように協調し合う場面が多々あると共に、事ほど左様に、反発し合う場面も無数にあります。

池のさざ波も、冬の銚子沖の数十メートルの大波も同じ原理で起きるように、前記のような場面で感じるちょっとした不快感が「いじめ」やハラスメント、さらには戦争のような人類社会の大きな動きの根本的な原因になっているように思えます。

14　西郷どんに想う

先にも書きました西郷隆盛、B型です。２０１８年の大河ドラマだそうです。ネットで見るとたくさん出てきます。面白くてついつい時間を過ごしてしまいます。

波乱万丈、ジェットコースターのような展開に面白くて止められません。浮き沈みの激しさが半端ないです。本人は大変でしょうが、見ている方は興味が尽きません。

能見流「血液型人間学」で「西郷どん」の人生を追ってみたいと思います。

武将ジャパンというサイトに年表がありましたので参考にさせてもらいます。

１８２８年　満０歳　鹿児島で誕生　文政10年12月７日
１８３９年　11歳　喧嘩の仲裁で怪我を負い刀を握れなくなり、勉学に励む
１８４４年　16歳　藩に就職
１８５０年　22歳　農政に関する建白書提出
１８５３年　25歳　黒船来航
家督を継ぐ
１８５４年　26歳　島津斉彬のお庭番となり江戸へ・政界工作に携わる
１８５８年　30歳　島津斉彬が急死
安政の大獄で追われ、月照と共に入水・奄美大島で蟄居
１８５９年　31歳　吉田松陰に死刑
１８６０年　32歳　桜田門外の変
１８６２年　34歳　奄美大島から帰還
寺田屋事件で薩摩の攘夷派が島津久光に粛清される
島津久光の怒りをかい、徳之島＆沖永良部島へ島流し

1863年　35歳　長州藩が下関戦争
　　　　　　　薩摩藩が薩英戦争
1866年　38歳　西郷隆盛と木戸孝允、薩長同盟を結ぶ
1867年　39歳　明治天皇が即位
　　　　　　　大政奉還
　　　　　　　坂本龍馬が暗殺される
　　　　　　　庄内藩が江戸薩摩藩邸を焼き打ち
1868年　40歳　明治元年
　　　　　　　鳥羽伏見の戦いをもって戊辰戦争が始まる
　　　　　　　東征総督府参謀
　　　　　　　江戸城無血開城
1871年　43歳　廃藩置県
　　　　　　　岩倉使節団が欧米へ・西郷らが留守を預かる
1873年　45歳　征韓論を機に下野し、鹿児島へ

1874年　46歳　鹿児島に私学校を設立
佐賀の乱で江藤新平が死亡
1875年　47歳　秩禄処分で士族の家禄等が剝奪される
1876年　48歳　廃刀令により士族は帯刀の特権も奪われる
神風連の乱・秋月の乱・萩の乱
1877年　49歳　西南戦争　明治10年9月24日没

侍なのに刀を握れなくなっても、殿様の近くに仕えるお庭番にまで出世できました。

能力も高かったのでしょうが、怪我で挫折せずに目標を学問に切り替えた思考の柔軟さも良かったように思います。

例の表のB型

「考え方型にはまらぬ」の長所「柔軟思考。アイデア豊富」

などが当てはまると思います。

「農政に関する建白書」などもアイデア豊富なのでいろいろ思いつくのだろうと思います。

その後、安政の大獄があって、政界工作の同志、僧・月照を助けようと薩摩藩へ連れて帰るのですが、匿《かくま》ってもらえません。責任を感じた西郷は月照と共に錦江湾へ入水します。結果、彼一人助かってしまいます。

藩の方針と違うことをしてしまったのです。殿様が変わって藩の方針が変わってしまったのに、自分の判断で藩に頼ってしまいました。

この辺も

「束縛嫌うマイペース」の短所「個人プレー。独走」

が出たのだと思います。


奄美大島で蟄居させられていたのを、大久保利通らのおかげで藩政に戻ることができました。

しかし、「お殿様は田舎者……」と言ってしまい、今度は罪人として島流しにされてしまいます！


「差別なく心を開放」の短所に「無用心。無礼。上を上と思わぬ」とあります。そのままです。

私の想像ではB型は大昔、人類がまだ極々弱い存在だった頃栄えた気質だと思っています。

多分、階層もできてない原始共産制の社会に適応した気質だと思います。

太古の時代の生き残りです。

太古の時代は、熊や狼や有害な微生物など、種外の敵との戦いに忙しく、心が種外に向いているので、種内に神経を使っていられなかったのだと思います。

もちろん、現代は階層のある社会なので、人それぞれ、その人の能力なりに種内に神経を使うのですが、先天的には、あまり種内に神経を使うようにできていないので、ちょっと油断するとこういう失敗をしてしまいます。

西郷隆盛ほどの有能な人でも、他に気を取られているとこのような失敗をしてしまいます。

先天的に種内に神経を使うようにできているO型やA型には敵いません。

いよいよ、国内風雲急を告げるに至って、「余人をもっては代え難し」と赦免になります。

薩長同盟や鳥羽・伏見の戦い、などあって、戊辰戦争が始まります。

西郷隆盛は、実質的な総司令官である「東征総督府参謀」に任命され江戸を目指します。

ここで、

「人間関係調整が巧み」「力の闘争をさける」「平和的」なＡＢ型、勝海舟の協力を得て江戸城無血開城を果たします。

しかし、これは歴史的にみれば極めて建設的な決断だったのですが、官軍内には西郷の独断専行に不満も出ていたようです。

Ｂ型「束縛嫌うマイペース」の「個人プレー。独走」です。

その後も、東北庄内藩に対して寛大な処置をして新政府内から反感を買います。Ｂ型の「マイペース」は直りません。

戊辰戦争に勝って、西郷隆盛は薩摩へ帰ります。

私の「発生、成長、維持、調整」的考えを持ってすれば、ここで止めるべきだったと思います。

しかし、彼は止まりません。岩倉具視や大久保利通らに乞われて、新政府に加わります。

戊辰戦争を「発生」とすれば、それを成就した、終わった時点で、後事を「成長」である O 型大久保利通に託して、上野の西郷さんよろしく、狩りが趣味だったようですから、新たな狩猟法でも考えていれば、幸せな後半生になったでしょう。

同じ B 型である、糸川英夫博士が定年退官後、クラシックバレーの衣装を身に着けた画像を何かで目にして驚いた記憶があります。

アインシュタイン博士も、前半生はいろいろ苦労がありましたが、後半生は、アメリカのプリンストンで幸せに過ごしたようです。

しかし、西郷隆盛は違いました。「斃れて後已む」タイプだったようです。

少し探ってみますと、たとえば B 型俳優渥美清。彼が死ななければ「寅さん」シリーズはずっと続いていたでしょう。

同じ俳優でいうなら B 型森光子さん。「放浪記」の舞台をドクターストップが掛かるまでやっておられたようです。

最近の話題では B 型イチロー。高齢現役で頑張っています。

同じくスポーツとしてはＢ型浅田真央。バンクーバーオリンピックで銀メダル獲得、ソチで６位、もう盛りは過ぎたと誰もが感じたのですが、現役続行、２０１７年世界選手権代表を逃してやっと現役引退しました。

ちなみに、「血液型人間学」を創《はじ》められた、Ｂ型、能見正比古さんは、講演中に壇上で心臓麻痺での突然死だったようです。

過労です。

時々心臓が痛む症状が出ていたようですが、休養せずに「血液型人間学」の普及を急がれたようです。なぜ、命を危険に曝《さら》してまで急がねばならなかったのか？

１９８１年、昭和56年、享年56歳。

大変悔やまれます。

まさに「斃れて後已む」です。

西郷隆盛はまたしても、大久保利通らに乞われて新政府に加わります。

「近衛都督・参議兼陸軍元帥」に就任します。

そして、征韓論が採用されなかったのを機に鹿児島へ帰ります。さらに西南戦争へと進んでしまいます。

誠に残念な結末です。

彼なりに思うところはあったのでしょう。

征韓論における西郷隆盛の考えを著したものがあるのでここに引用させて頂きます。

当時、議会はまだなかったので、閣議が最高の意志決定機関でした。

そこでは西郷隆盛の朝鮮使節派遣案は承認されたのです。

ここで承認された際に参議である西郷隆盛が、太政大臣三条実美に提出した、「朝鮮派遣使節決定始末」という文書です。

「朝鮮派遣使節決定始末」　１８７３年

朝鮮との交際の儀について

明治維新のときより、数度に及び朝鮮に使節を派遣し、百方手を尽くしましたが、ことごとく水泡に帰したのみならず、朝鮮側から数々の無礼を働かれたこともあり、近頃は互いの人民の行き来や交易の道まで途絶え、在朝鮮の日本公館詰めの者も甚だ困難な状態に陥っております。

そのため、やむを得ず護兵一大隊を朝鮮に派兵すべきとの御評議の趣旨は承知しておりますが、護兵を派遣するのは決して宜しくありません。派兵することで戦争に発展してしまっては、最初の御趣意と相反することになりますので、この節はまず公然と使節を派遣するべきです。

それでもなお、もし朝鮮側から交際を破り、戦いでもって拒絶したとしても、その真意が確かに現れるまでは、人事を尽くして努力しなければ後悔が残ります。

最初から朝鮮側が暴挙に出るだろうとの疑念を持ち、戦争の準備をして派兵しては、一国としての礼儀を失うことになります。

ぜひこの際は、朝鮮側と交誼を厚くしようとする趣意を貫徹すべきであり、それでも朝鮮側が暴挙に出るようならば、そこで始めて朝鮮の非を天下に明らかにし、その非を問えばいいのです。

しかし、いまだ十分な尽力もせずに朝鮮側の非ばかりを責めては、その罪を真に知ることなく、お互いに疑惑するばかりになり、討つ側も怒らず、討たれる側も承服しないのです。

ぜひ、事の曲直をはっきりと定めることが肝要であると考え、この度建言しましたところ、閣議でご採用になり、主上にお伺いを立てた後、朝鮮への使節を私に仰せ付けられることが内定しました。

この段これまでのなり行きを申し上げます。

（『西郷隆盛全集』三文書百十九）

『維新を創った男　西郷隆盛の実像』粒山樹（扶桑社）２９８頁

これが、西郷隆盛の主張です。「征韓論」という言葉の響きとはだいぶちがいます。
十分納得できるもっともな意見と感じられます。

歴史は勝者によって作られると言います。……。
「征韓」はむしろ西郷隆盛下野後に明治政府がやった事ではないかと思います。
もし西郷隆盛が朝鮮と話し合って江戸時代からの友好関係を続けられたら、
日清戦争は起きなかったかもしれません。
さすれば、三国干渉は無かった。
さすれば日露戦争も起きなかったかもしれません。
さすれば日本が天狗になる事は無かった。
さすれば太平洋戦争も起きなかったかもしれません。
さすれば広島長崎も……。
当然、朝鮮戦争も……。

脱線してしまいました。

ところが、変なのは、閣議で決定したのに、使節派遣は中止されてしまったことです。

それというのは、本来なら天皇陛下へ奏上する役目は、太政大臣の三条実美なのですが、彼は病気になってしまいました。

そこで代わりに、岩倉具視が奏上することになったようなのです。

この人は、西郷隆盛の「征韓論」に反対でした。

この頃はどうやら、閣議で決まっても、天皇陛下の一存で変更できたようなのです。

岩倉具視に説得されたのでしょう。

朝鮮への使節派遣は中止になってしまいました。

当時の最高の意志決定機関である閣議で決まったことが、こうも簡単にひっくり返ってしまうのにはびっくりです。

さらに変なのは、この岩倉具視という人、前記のような西郷隆盛の主張を正確には知らなかったようなのです！

現に、明治七年（１８７４）四月六日付けで岩倉が大久保に宛てた手紙には、次のような記述があります。

同じく、粒山樹さんの著書から引用させて頂きます。

さて、西郷大将が昨年十月十七日三条公に差し出した建言書を内々にご覧に入れます。

今日においてはもはや無用なことですが、西郷氏の考えとは始めから征韓にあったのではなく、まずは使節を派遣し、人事を尽くすというもので、そのうえで朝鮮側が無礼を働いてきた場合は、内政や軍備を数年間整えたうえで、その罪を討つというものだったようです。

（『大久保利通関係文書一』）

『維新を創った男　西郷隆盛の実像』粒山樹（扶桑社）３０１頁

これでは「やってられない」と私も思います。

過日、岩倉具視も鹿児島にいた西郷隆盛に新政府に参加してくれるように頼んでいたのにです。

それが、この仕打ちで、西郷隆盛は辞職してしまいました。

表のB型「感情の振幅が大きい」の短所「かんしゃく持ち」が出てしまったのかも知れません。

B型は、仲間内からの理不尽な動きに、理性的に対応できないのだと思います。何しろ、B型は種内淘汰などしていれば、その隙に種外の敵に殺されてしまうような、太古の時代に適応した気質なのですから。

そういう時代では、仲間内の争い、「種内淘汰」は、自分たちの集団を滅ぼしてしまう明らかな「悪い事」でした。

ですから、そういう場面に遭遇した時、そういう仲間内の争いを抑制するために怒りの感情が湧いてくるように、進化したのではないかと思います。

それに対して、O型やA型は、仲間内の争いをしていても滅びないほど人が繁栄してから栄えた気質なので、仲間内の争いに遭遇した時、「お！　来たか」と冷静に対応できるのだと思います。

O型やA型にはこのような仲間内の争いは、当然の建設的な活動と思えるのかも知れません。

なぜなら、O型やA型は、人が繁栄して、同じ資源を競う敵が主として、人になってから栄えた気質だと思われるからです。

この場合の言葉としては、仲間内の争いなので、「仲間内淘汰」とでも表現した方が適切なのですが、「7　消えるB型　種内淘汰説」の章のネイティブ・アメリカンの例のように、あまり一般的でない表現は使わない方が良いと思いますので種内淘汰という言葉にします。

表のO型

「力関係を敏感に意識」の長所「いい意味の野心的」

「勝負師の激しさ」　その長所「負け嫌い」

　　　　　　　　　短所「すぐ張り合う」

「仲間作りと仲間意識」の短所「派閥性」

「仲間外には警戒心大」の短所「自己防衛過剰」

「自己主張と自己表現」の短所「自己宣伝」

「言葉の使い方が巧み」の長所「説得力がある」

「社会を強く意識する」の長所「高い政治意識。人間関係大事にする」

などです。

A型では「心を開くのが遅い」の長所「だまされぬ。人をよく見る」
短所「人を信じない」
「白黒善悪のけじめ」の長所「筋を通す」
短所「理屈っぽい」

などあります。

このようにO型気質やA型気質はB型気質より遥かに種内淘汰に適した資質だと思います。

さらに言えば、反対派の理由は内政重視、ということだったようですが、岩倉具視ら新政府はこの中止からほどなく外征を行っているのです。

派遣中止は1873年、1874年には漂流民殺害事件の解決のために台湾に軍を派遣しています。

１８７５年には朝鮮沿岸で、海軍の軍艦が朝鮮の砲台と交戦する「江華島事件」を起こしています。

こうなると、政策の内容は関係なく、単に政争の具にされていたようにも思えます。

便利に使える人は要るが、「出過ぎた釘は打つ」、それとも「建武の中興」のように公家である岩倉具視が、武家である西郷隆盛を追い落とそうと策略を巡らせたのか、前記西郷隆盛のレポートを読んだりその後の政府の行動を見ると、単に政策の是非を検討する以外の何かがあったようにも思われます。

これは当時の人も感じていたようです。

粒山樹さんの本におんぶに抱っこになってしまいますが再々度、『維新を創った男　西郷隆盛の実像』から引用させてもらいます。

１８７６年、明治９年に木戸孝允が太政大臣の三条実美と右大臣の岩倉具視に提出した建言書です。

１８７３年　明治6年の政府分裂の変が生じた理由を推察すると、政府内に内政を優先する一派と朝鮮への外征が急務だと主張する一派があり、両派ともに議論を尽くしたが、結局、意見は折り合わず、外征を優先とする一党は、このために下野したのである。

各々が国のためを思い行動した結果とはいえ、このようなかたちで分裂し、その影響が今も大きく残っているのは、日本にとって誠に不幸と言わざるを得ない。

しかしながら、１８７４年　明治7年に至り、前年内政優先を主張していた派が、持論の内政優先論を一旦収め、その方針を一転して、前年排撃したはずの外征論に傾斜し、ついに台湾出兵や翌年には江華島事件をおこした。

これ以来、内政が優先との政論は久しく聞くことはなくなった。

前年に政府が分裂してまだ半年も経たないうちに、このような事態が生じたのは甚だ疑問である。

こんなことなら、半年前に現政府が外征を行うと決めていれば、1873年、明治6年の政府分裂は避けられたはずではないか。
また、当時外征を主張した西郷一派に対しても、後世、何も恥じることもないであろう。

（「内政充実・地租軽減に関する建言書」『木戸孝允文書　八』所収）
『維新を創った男　西郷隆盛の実像』粒山樹272頁

この後1877年には西郷隆盛は西南戦争を起こしてしまうのですが、その時掲げた大義名分が

「今般政府へ尋問の筋これあり」

という言葉でした。
政府内の腐敗とか士族への待遇とかいろいろあったようですが、「征韓論」の

扱いとかその後の政策のありようなども含まれているようにも思われます。

この辺りの気持ちとして

B型の「判断は正確さを重視」の長所「客観性に富む。公平」を求めるものがあったのではないかと思います。


68年後の1945年もう一度、大きな社会変革を余儀なくされるのですが、この頃すなわち、1873年征韓論の頃から各地で反乱が起こる1876年頃に西郷隆盛の考えが政治にちゃんと反映されていれば、歴史はもう少し別のものになっていたかも知れません。

今日から見れば、こういう論争は国会で行われるべきものと思われます。

しかしながら、第一回帝国議会が開かれたのは、1890年、明治23年11月23日のことです。

ですので、本来なら議会で論敵どうしが口角泡を飛ばして論争すべき場面を内閣の閣議でやっていたことになります。

議会で大いに論争して事を決すればよいのです。

そうすれば、たとえ論争に敗れたとしても、西郷隆盛が兵をもってなさんとした「今般政府へ尋問の筋これあり」をずっと建設的にできたはずです。

ところが、下野して鹿児島に帰ろうとする西郷隆盛に、同じ頃参議を辞した板垣退助から民選議院設立建白書署名などの、自由民権運動への誘いが来たのに、これを断ってしまいました！

現代の視点をもってすれば、この方向こそ正解だったのですが西郷隆盛は断ってしまいました。

私たちには、正にこの時が、西郷隆盛の後半生が、建設的なものになるか、破滅的なものになるかの分かれ道だったと思われます。

この時の西郷隆盛の発言とされるものがありましたので引用させてもらいます。

粒山樹さんの本から、再々、再度引用させて頂きます。

「予は言論を以て此目的を達し得べしと信ぜず、如かず自ら政府を取て、然る後ちにこの未曾有の盛事を行はん」

（「自由党史　上」）

『維新を創った男　西郷隆盛の実像』粒山樹３２７頁

それに対して板垣退助が

「下野後に二人が離れては、離間中傷の策に陥り、疎遠になるやも知れない。君と僕とは志をも同じであり、信じあっている仲間なので、今後も連絡を取り合い、共に行動していこうではないか」

『維新を創った男　西郷隆盛の実像』粒山樹３２８頁

と申し出たのに対して西郷隆盛は次のようにきっぱりと断っています。

「申し出はありがたいが、これからの行動は自分で決めるから、私のことは忘れて、あなたはあなたで行動してくれ」

『維新を創った男西郷隆盛の実像』粒山樹329頁

これらの言葉は、粒山樹さんの本には昔風の華麗な言い回しでも書いてありますので興味のある方は是非そちらを読んでください。

例の表には、

B型の気質特性の「周囲にとらわれない」の長所に「我が道行く」

「将来には楽観的態度」の短所に「一人よがり」

などありますが、あまりにも重大な判断の時なので、仲間どうし相談するとか、いろいろもっと慎重であって欲しかったと思います。

「行動移行が早い」の短所「慎重さ不足。あわて者」

の結果ではあまりにも惜しいと思います。

もしかすると、そのような「あわて者」の結論ではなく、岩倉具視が閣議決定と異なる自分の意見を奏上して朝鮮への使節派遣を中止させてしまったのを見て「道理の通じない不逞の輩」と思って、民選議院設立のような理性的対応を諦めてしまったのかも知れません。

B型の気質特性「興味関心重点の人生」の

長所として「真理にいきる。名利超然。自分に忠実」

短所として「社会性乏しい。いい意味の野心少ない」

とあります。

今まで仲間と思って共に新日本建設に汗を流して来た岩倉具視が、ここへ来て突如、牙をむいて襲いかかってきたのです。

西郷隆盛にとっては、突然、種内淘汰の場面に放り込まれたのです。

今まで、対朝鮮外交という種外の問題を解決すべく、閣議で因果を含めて議論をして、筋の通った結論を得ました。

しかし、岩倉具視によって理不尽な方法で覆されてしまいました。

今まで、仲間と思っていた岩倉具視が突如、敵、それも、忌むべき共食いである種内淘汰の敵となってしまった。

怒りか恐怖か、……。

とても、自由民権運動で議会を創ってその場で共に議論して因果を含めるような輩ではない、と感じてしまったのかも知れません。

西郷隆盛に、怒りや恐怖はあまり似合わない気もしますが、西郷隆盛とて人の子ですからそんな可能性もなくはないかも知れません。
怒りや恐怖の元では判断を誤ってしまいます。

釈迦に説法ではありますが……。

「人の一生は重荷を負うて遠き道を行くが如し
急ぐべからず
不自由を常と思えば不足なし
心に望み起こらば困窮したるときを思い出すべし
堪忍は無事長久の基
怒りは敵と思え
勝つことばかり知りて負くることを知らざれば
害その身に至る

己を責めて人を責むるな
及ばざるは過ぎたるより勝れり
（徳川家康の遺訓）

はB型向けの格言かもしれません。

14　西郷どんに想う

ちょっと話が戻りますが、１８７３年、明治6年7月頃から始まった韓国への使節派遣の件が10月半ばまで四半期余の時間をかけて漸《ようや》く閣議決定したのに、岩倉具視に強引な方法で潰されてしまいました。

西郷隆盛にしてみれば気分の良かろうはずがありません。

しかし、先ほどより参考にさせてもらっている粒山樹さんの本を読みますと、西郷隆盛は閣議での議論の中で、独善的な印象を受けます。

たとえば、閣議で議論が始まった１８７３年、明治6年7月頃、まだ岩倉具視が欧米視察旅行中だったので、大隈重信が「使節派遣については国家の重大事であるので、現在洋行している岩倉公の帰国を待ってから決定してはどうか」と意見を述べました。

それに対して西郷隆盛は、「堂々たる一国の政府が、国家の大事に際して、その是非を決定できないようなら、今から太政官の正門を閉じ、政務一切を取るのをやめた方がいい」と発言しました。

さらに、太政大臣の三条実美が、新政府の実質的首班である西郷隆盛が特命全権大使に就くことに難色を示しましたが、西郷隆盛は引き下がりませんでした。同年8月17日閣議で正式決定されましたが発表は、岩倉具視の帰国後ということになりました。

ところが、帰国して事の顚末を聞いた岩倉具視は反対しました。岩倉具視の主張はもう少し内政のための時間を取る必要がある。外征はその後にした方が良い、というものでした。

同じく反対した大久保利通は、同年10月14日の閣議で、「今新たに内務省を設置する計画がある。この計画に着手するまでの間、50日猶予をもらえれば、使節の派遣に同意する」とまで言ったそうです。

しかし、翌日15日西郷隆盛の主張が通り、彼を特命全権大使としての朝鮮への使節派遣が決定しました。

西郷隆盛は、反対派を悉く論破して我が意を通したのです。

さまざまの意見を言った人たちは自分たちの意見を入れられなくて面白くないでしょう。

因果を踏まえて正論を通すところは

表のB型「興味関心重点の人生」の長所「真理に生きる」

周囲の仲間の気持ちを察することができないのは、

「周囲にとらわれない」の短所「無神経。察しが悪い」

などのように思います。

太古の時代、夜、焚き火が消えると狼に食べられてしまうような時代なら、独断専行で良かったかも知れません。

あっちの意見を聞き、こっちの意見も聞きして玉虫色の結論を出していると、狼に食べられて人の社会が滅びてしまいます。

しかし、現代社会は違います。即断即決ストレートな意見でなくても、滅びはしません。

もはや、天敵、狼はいません。

むしろ、あっちの顔を立て、こっちの顔も立てた方が、玉虫色の結論ではありますが、みんなが協力してくれて事がスムーズに運びます。

そんなことをしていても滅びないのです。

もはや天敵はいませんから。

最も怖いのは、種内の敵です。

玉虫色は仲間を敵に回さない有効な方法です。

仲間内に気を配らないと、今まで仲間だった人が反感を持つ恐ろしい敵になってしまいます。

種内淘汰です。

太古の時代なら、種内淘汰などしていれば、滅びてしまったでしょう。

現代社会は違います。

B型は種内淘汰などしていれば、滅びてしまう太古の時代に適応した気質だと思います。

ですので、種の中へ気を配るという感覚が少ないのです。

もちろん現代社会まで生き延びたB型は後天的に学習して、種の中へも気を配るのですが、全能力で事に当たっている時には、つい疎かになってしまう時があります。

西郷隆盛にとって、正に、この征韓論論争の時がそうだったのではないかと思います。

野へ下って鹿児島へ帰ってしまったところを見ると西郷隆盛は、こうして自己主張することによって、今まで仲間だった人を敵に押しやってしまったことをまったく気づかなかったように思われます。

自分が周囲の仲間をどんな気持ちにさせたかに気づかないまま、怒って、鹿児島へ帰ってしまいました。

この頃西郷隆盛の理解者勝海舟は海軍大輔という役目で新政府に加わっていたのですが助言してはくれませんでした。

歴史に「ＩＦ」は禁句らしいですが、彼らが「血液型人間学」を知っていたら、もっと建設的に事態が進んだのではないかと思います。

Ｂ型を評して「唯我独存・」ということがあります。

西郷隆盛にしてなお克服できないこの欠点。

輝く人生の晩節を汚してしまいました。

ところで西南戦争ですが、きっかけは西郷隆盛が創設した私学校の若者が、政府の管理下にある火薬庫を襲撃して弾薬を略奪したことでした。

それを知った西郷隆盛の反応は「しまった」とか「我事終われり」とか、とにかく否定的態度だったようです。

ところが、結局、西南戦争を始めてしまいます。

血気に逸《はや》る若者に急かされたとは言え、戊辰戦争の実質的最高司令官まで勤めた軍事の専門家である西郷隆盛が、まったく勝算なしに戦いを始めたのでしょうか。

ここの辺り、粒山樹さんの『維新を創った男　西郷隆盛の実像』によると、客観的に見ると極めて甘い判断ながら、西郷隆盛自身はある程度成功の可能性があると、思っていたようなのです。

西郷隆盛や西南戦争自体に関心のある方は是非『維新を創った男　西郷隆盛の実像』を読んで頂きたいと思います。

この小論の目的は血液型人間学の視点で西郷隆盛の性格と行動を見ようとする

ものですので、再々、再……。

粒山樹さんお世話になります。

『維新を創った男　西郷隆盛の実像』から彼の手紙を二通引用させてもらいます。

西郷隆盛は１８７７年、明治10年２月17日に挙兵したのですが一通目は、挙兵の三ヶ月前、１８７６年、明治９年11月に盟友である桂久武という人に宛てたものです。

この人は西郷軍に加わり最後は城山で戦死しています。

追々冷気が募り、場所柄寒気がいよいよ増しているかと存じますが、御健康であられること、謹んでお慶び申し上げます。

実は両三日前、珍しく愉快な知らせを得ました。

去る十月二十八日、長州の前原一誠、奥平謙輔らが挙兵し、石州口から突出したとのことです。

三十一日には徳山付近からも人数が繰り出し、柳川あたりも同様とのことです。

また、熊本から船で出兵したというのは確かなことのようです。これらの情報は肥後から来た二人の巡査が、前原らの電報をもって談判に来たので間違いないことだと思われます。

今頃はもはや大阪あたりは彼らが手に入れているのではないかと推察しています。

また、因州、備前、その他石州は、必ず立ち上がるつもりらしく、天長節（十一月三日）を挙兵の期日と定めたようで、前原らは機先を制し挙兵したものと思われます。

天長節が期日となると、江戸には必ず同志がいるはずです。そうでなくては、わざわざ天長節を期日としたことがおかしく、他には格別の日がないと思われるからです。

前原の策は余程手広く仕掛けられているようで、四方八方で蜂起する者が出ると楽しみにしています。

このような情報を得ましたが、今は動かずそのままここ（鹿児島郊外の日当山温泉）に滞在するつもりです。

急いで城下に戻っては、壮士たちが騒ぎ出すかもしれず、そのことを推し量り、決してこちらの挙動は人には見せないよう、今日に至ってはなおさら注意しているところです。

私が一度意を決して動くときは、天下の人々が驚くようなことをなそうと、今は心中考えています。

この旨、簡単ではございますがお知らせします。

（『西郷隆盛全集三』文書百四十九）

『維新を創った男　西郷隆盛の実像』粒山樹　331頁

もう一通は挙兵の約二週間後の3月2日に、今で言う県知事、鹿児島県の大山県令に宛てたものです。

この人、大山綱良は、西南戦争終結後に、西郷軍に協力した罪によって明治政府に斬首されています。

筑前や筑後は蜂起した様子で、大阪は土佐が突出し、既に攻め落としたとの風評もあります。

（『西郷隆盛全集三』文書百五十七）

『維新を創った男　西郷隆盛の実像』粒山樹　３４０頁

これらの手紙からは、かなり楽観的な見通しを持っていた様子が感じられます。全国の反政府勢力が糾合すれば挙兵しただけの意味のある成果を出せると思っていたようです。

しかし、結果は惨敗でした。

前記手紙から見ると私学校の若者が火薬庫を襲撃したと知った時「しまった」と言った意味は、決起のタイミングが自分が想定したよりも早くなってしまったことのように感じられます。

O型のように人心をしっかり掌握したり、A型のようにルールを定めたりするのが不得手なB型はただ静かに時の熟するのを待っているだけでした。
そして、若者を暴発させてしまいました。
そんな状況であるにもかかわらず、ブレーキを掛けずに突っ走ってしまいました。

B型の気質特性
「将来には楽観的態度」の短所「考えが甘い」が出てしまったようです。

私の言葉で言うと
「何とかなるさ、行っちゃえ」
というところでしょうか。

このような征韓論から西南戦争における展開を見ると、O型「成長」的要素、大久保利通らによる、もはや役目を終えたB型「発生」的様素、西郷隆盛を追い出す過程のように思われます。

西郷隆盛が鹿児島で、楽しく引退生活を送っているところへ、休暇で帰った大久保利通が会いに来て、西郷隆盛が「大久保利通さんお仕事ご苦労でごわす」などと話かけて芋焼酎を酌み交わす展開もあり得たと思います。

しかし、現実は、大変、悲劇的な展開になってしまいました。

またまた［IF］ですが彼らが「発生、成長、維持、調整、のサイクル」を知っていれば、こんな悲劇は防げたのではないかと思います。

西南戦争を起こした西郷隆盛の「今般政府へ尋問の筋これあり」との主張には、官僚の腐敗や岩倉具視による理不尽な征韓論の扱いなどがあったようですが、それらは、言わば「民度」の問題で、戦争を起こして改善できるようなものではないと思います。

たとえば、江戸時代は、「大奥」というのがあって、将軍様は「公費で」妻以外の女性を非常にたくさん持てたのです！　明治時代になると、公費では赦されなくなりました。しかし、私費ならば許されていたようです。現代では、私費でも赦されません。少なくとも、表だっては、許されません。

このように「民度」の改善というのは、何百年、何千年単位の大きな仕事です。１７７３年に『諸国民の富』を書いた、アダム・スミスは倫理学の先生でした。前記の本の前に『道徳感情論』という本を書いています。大学で道徳を教えていたのです。その人が、経済学の基礎となる本を書きました。

事ほど左様に、道徳、つまり、「民度」の向上というのは、重いテーマです。そして、それなくては、資本主義経済も民主政治もなり立ちません。

またまた、また「ＩＦ」ですが、西郷隆盛が創った、私学校で、しっかりと倫理教育をして、倫理感のしっかりした若者を新政府に送り込めば、西郷隆盛の求めていたものをより確かに得ることができたのではないかと思います。

15　血液型人間学に対する反対意見について

「血液型人間学」で主張する、血液型と人の性格には関係がある、という主張は、評価が定まっていません。

一般の人に聞く調査では、半分以上の人が信じているという結果が出ることが多いようですが、この問題の担当正面と思われる、心理学を研究している学者さんに反対意見の人が多いようです。

心理学者さんの指摘として、次のようなものがあります。

予言の自己成就　本やテレビでその知識を得ることによってそのように振る舞ってしまう。

バーナム効果　誰にでも当てはまる一般的記述を自分だけに当てはまると思ってしまう。

確証バイアス　自分の信念を裏付ける情報を重視して、反する情報は軽視したり、排除したりしてしまう。

他にも、データの収集や分析が、心理学の手法に照らして正確でない、などの意見があるようです。

私は能見正比古さんの本を読んで、十分納得しているので、前記の心理学者さんたちの反対意見に驚いています。

それならそれで、血液型と性格に関係がないと証明して欲しいと思いますが。ないことを証明するのは「悪魔の証明」とやらで非常に難しいとのことです。

心理学者さんたちには血液型人間学の意義を理解して、もっと真剣に取り組んで頂きたいと思います。

一方、「2　違いの理由　微生物説」でも書いたように、病気との闘いの中で、血液型による性格の違いができて来るという意見の学者さんがいらっしゃいます。最初にO型の人がいたと言うところは私の考えと違うのですが、血液型によって性格に違いがあるという点では、同じ意見です。

この点は大変あり難く思います。

私の読んだ本二冊、一つは、竹内久美子さんの『小さな悪魔の背中の窪み』です。彼女は動物行動学が専門のようです。

もう一つは藤田紘一郎博士の『血液型の科学』です。医学博士で専門は寄生虫学、熱帯医学、感染免疫学、です。

こちらの本に、「人類は皆最初はO型だった」と書いてあります。

そこのところを引用させて頂きます。

人類はもともと全員がO型だった

人類の祖先が誕生したのは、およそ500万年前でした。

直立歩行し、道具や火を使った原人はおよそ150万年前に、アフリカやユーラシア大陸の温暖な地域に住んでいました。

アジアの黄河の流域では約70万年前に人類の祖先が住んでいたことが化石の調査で分かっています。

人類は猿人、原人、旧人、新人、と四段階の進化を遂げてきたわけですが、道具を使いはじめた原人を人類の祖先と考えれば、たかだか150万年前に出現した新しい生き物ということになります。

現在の人類の直接の祖先であるホモ・サピエンスは、10万年ほど前にアフリカで誕生しました。

この頃の人類はすべてO型だったと考えられます。

紀元前四万年頃にアフリカにクロマニヨン人が出現し、集団の狩りをしていました。

このクロマニヨン人も全員がO型でした。そして、この頃すでにO型の消化器官の特性が形成されていたものと思われます。

つまり、胃酸を多く分泌して肉類を効率よく消化するようになっていたのです。

彼らは、瞬く間に獲物を食べつくしてしまったというわけです。

クロマニヨン人は食べ物がなくなったアフリカから世界各地に移動しはじめました。

紀元前3万年頃です。

つまり、O型の血液型をもつ人間が世界中に散らばることになったのです。

このことは、世界各地の先住民族のほとんどがO型であることからもうかがえます。

先住民族である南北アメリカのネイティブ・アメリカンとイヌイットは、ほとんどの人がO型です。

たとえば、ホピ族はO型が94%、ビマ族は92%、ナバホ族ではO型が実に99%を占めているのです。

このほか、アマゾンには100%O型という部族がいますし、オーストラリアの先住民族もO型が多いのが特徴です。


(『血液型の科学』藤田紘一郎　祥伝社　80〜82頁)

A型とB型はどのようにして生まれたか

人類は最初すべてO型でした……。

この後A型になる人は農耕民となって穀物を食べるようになって、それらを好む腸内細菌にA型物質を持っている細菌がいてその細菌の遺伝子がトランスフェ

図3-5　霊長類に見出されるABO血液型物質

動物名	O(H)	A	B	AB
オラウータン	●	●	●	●
ヒヒ	●	●	●	●
チンパンジー	●	●	●	●
ローランドゴリラ	●		●	
ニホンザル	●		●	
カニクイザル	●	●	●	●
キヌザル	●	●		

藤田紘一郎「血液型の暗号」(日東書院)より

クション（遺伝子移入）を起こしてその人の血液型がA型になったとのことです。

B型は遊牧民になった人が肉や乳製品を食べるようになって、前記と同様の過程を経てB型になったそうです。

B型には他にもいろいろ理由があって、紀元前1万年頃インドやウラル地方に出現したそうです。

AB型はなんと、ほんの千年ほど前に出現したそうです。

A型の人とB型の人の混血によって誕生したそうです。

この部分のまとめを引用させてもらいます。

つまり、当初、人類の血液型はすべてO型だったものが、農耕民族の一部からはA型が生まれ、遊牧民族の一部からはB型が生まれました。

さらに、彼らの混血の結果、ＡＢ型がごく最近になって生まれたと考えられるのです。

（『血液型の科学』 84頁11行）

という説明でした。

しかし、同じ本の中にサルに見いだされる血液型物質の表が載っていて、そこにはO、A、B、AB、と四つの血液型がすべて出ています。

ここにその表と説明を引用させてもらいます。

ヒトと同じように、O型、A型、B型、ＡＢ型の四種類の表現型が揃っているのは、霊長類だけなのです。

そのなかで高等とされているオランウータン、チンパンジー、ヒヒはヒトと同じで四種類の血液型物質が見られます。（図3―5）
しかし、ローランドゴリラとニホンザルは、O型とB型の二種類の血液型物質しか存在しないのです。
面白いことに、幾分下等とされるカニクイザルがヒトと同じように四種類の血液型物質を持っているのです。
（『血液型の科学』77頁の図3―5霊長類に見出されるABO血液型物質　説明76頁最終行〜78頁5行）

私の考えは、地球上の生物の中で人がごく弱い存在であった頃、生存競争の主戦場は種外淘汰だと捉えて、そこではB型が大いに活躍したであろう、というものです。

その考えからすれば前記76頁から78頁の説明は、都合よく思われます。

猿にB型がいるのなら、人にB型がいてもおかしくないと思われますからね。

しかし、その前の80頁から82頁84頁の説明ですと、私が想像するような時代、つまり、農耕や牧畜などを始めるよりずっと昔、猿やゴリラと同じような生活をしていた時代にはB型はいなかったことになります。

全員がO型だったというクロマニヨン人はホモ・サピエンス、我々現代人と同じ種ですからね。

私の考える「血液型種内淘汰説」には否定的な資料になります。

もう一つ、血液型人間学に対する強力な反対意見として、

「偏見を生むから血液型の話題は避けるべき」

というのがあります。

「ブラッドタイプ・ハラスメント」などが問題だとする意見ですね。

「生まれながらで変えられない血液型で人を規制してはいけない」というような言い方をされたりします。

そういう意見の基には「血液型と性格には関連はない」という考え方があるのでしょうね。

「血液型と性格には関係がある」と信じている私としては、もっと詳しく調べたい、という気持ちが強いです。

ですので前記のような、もう血液型の話はやめようという意見は大変歯がゆく思います。

ハラスメントがあるからといって、血液型と性格に関係があるかないかを研究するのまで止めてしまうのはどうかと思います。

ハラスメントと血液型と性格に関係があるかないかは別の話です。

手前味噌ではありますが、私はB型こそが「価値」の創造者だと感じています。

ちょうど、植物が有機物を生産して、菌類や動物がその有機物を消費するように、B型が生産した「価値」をO型やA型が消費するのだと感じています。

もちろんO型もA型も価値を生産するのですが、B型の生産する価値とO型やA型の生産する価値は少し性質が違うように思います。

たとえば、植物がお米を生産して、動物である人が炊飯器で炊いて美味しいご飯にします。

また菌類がお米をお酒にします。

ご飯もお酒もそれはそれで価値を生み出しているのですが、無機物から有機物を生み出すこととは少し性質が違うと思います。

仲間を募ってわっと大きく成長させることは価値あることでしょう。

細かくルールを定めて、末永く続くように体制を整えることも価値あることでしょう。

しかし、何もないところから価値を生み出すのは、最も価値あることだと思います。

前を向いて新たな地平を開くB型を、O型やA型が必ずしも十分理解しているようには思われません。

B型が創造した、新たな価値をO型やA型は、ただそこにあるものとして、大きく育て、末永く続けます。

B型が切り開いた、新たな地平を、O型やA型はただそこにあるものとして、開発し定住します。

B型は興味が湧くと調べたくなります。自分の仕事と関係がなくとも、社会的意味に関わらず、価値の有無を度外視して調べたくなります。

好奇心が強いのです。

表のB型に、「好奇心が強い」という言葉は見当たらないのですが、近い言葉は幾つかあります。

たとえば

「束縛嫌うマイペース」とその短所「我がまま勝手。個人プレー。独走」

「行動が型にはまらぬ」の短所「脱線」

「考え方型にはまらぬ」の長所「柔軟思考。理解幅広い。アイデア豊富」

「周囲にとらわれない」の長所「我が道行く」

「習慣ルール気にせぬ」の長所「創造的、進歩性」

短所「秩序乱す」

「興味多方面で集中性」の長所「こり性」

短所「興味本位。浮気性。専門がない」

「将来には楽観的態度」の長所「開発開拓精神」

「興味関心重点の人生」の長所「真理に生きる。名利超然」

短所「いい意味の野心少ない」

などあります。

B型は、このように、何の価値も感じられないものにでも興味を惹かれる時があります。

B型は、一見、何もないところから何かを始めます。いっぱい始めます。

ほとんどは、何の意味もありません。

ほとんどは、道草です。

その中の、極々一部が、何か意味を持ちます。

その意味が、O型やA型に感じ取られた時、O型やA型が動き出します。

取り組むに値すると感じて、初めてO型やA型は動き始めます。

B型のやることのほとんどは、何の意味もない、無価値なこと、一見無意味なこと、道草、なので、その部分が嫌われます。

その「道草」こそが価値の源泉なのですが……。

例の表で、O型やA型の中に価値の創造を思わせる項目を探してみても、あまり多くありません。

O型の
「個性的な物事を好む」　の長所「独創性」
短所「変わり者。いかれてる」

A型の
「心に現状脱皮を願望」　の長所「常に自己改造。現状に満足せぬ」
　　　　　　　　　　　　短所「不平や愚痴が多い」
くらいです。

それに対してB型は「我がまま勝手」に「独走」「脱線」して「我が道をゆく」です。

そして「秩序乱す」です。

「……！」。


そう、不埒者です。

B型は不埒者です。

Ｂ型としては、埒の内は既知のものがほとんどです。

興味を引く未知のものは、埒の外にこそたくさんあります。

こちらの埒を越え、あちらの、埒外を散策し、興味の赴くままに動き廻ります。

「この不埒者」と嫌われます。

よけ者にされます。


太陽系内すべてが埒の内となった時、Ｂ型は有害無用の存在として成敗されます。

不埒者を成敗して静かで平和な世界になります。

ネイティブ・アメリカンのように、アボリジニのように、Ｂ型のいない、静かで平和な世界になります。

そして、太陽が燃え尽きるまで、ＵＦＯが現れるまで、静かで平和な世界が続きます。

世界の血液型傾向グラフ

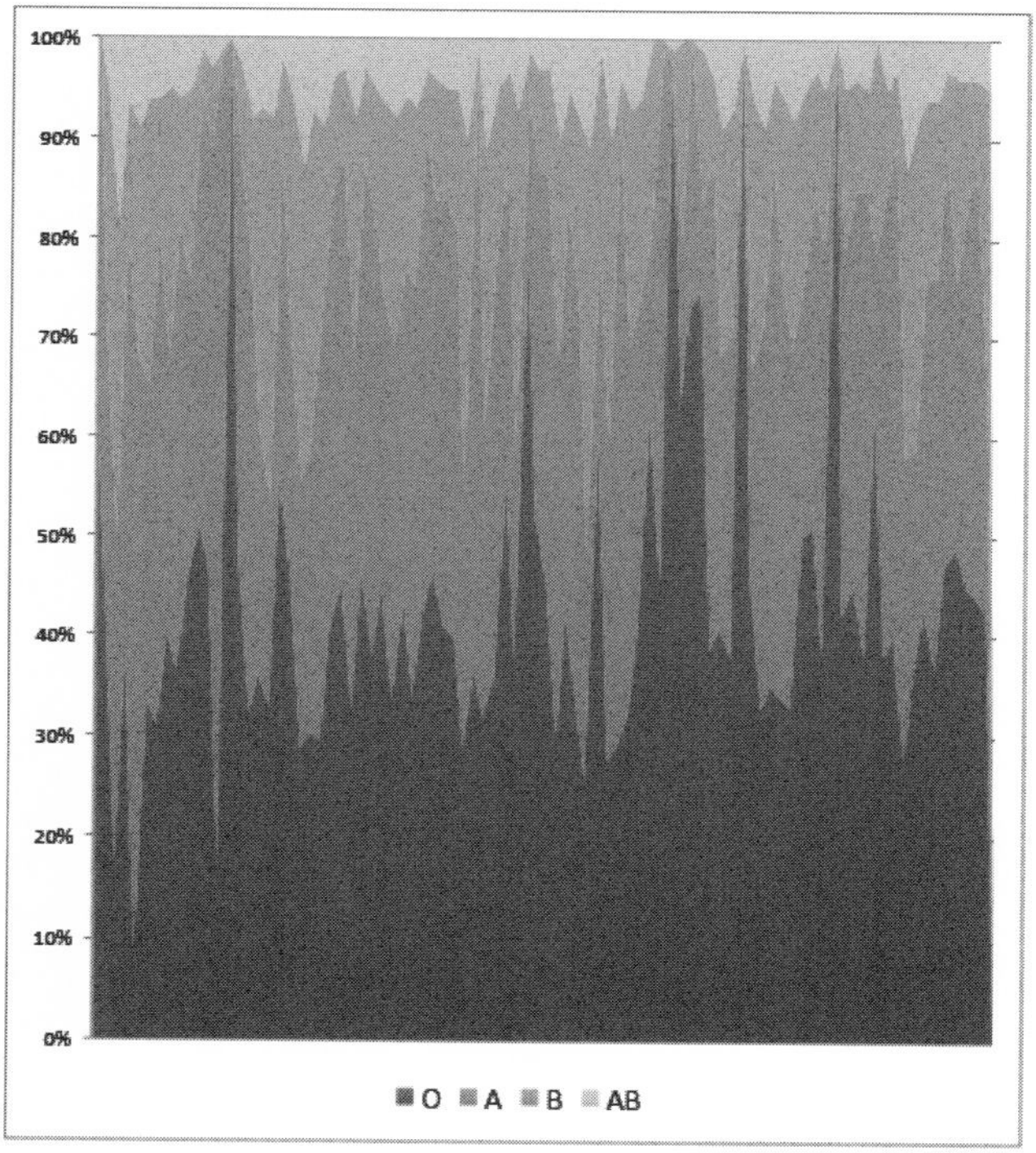

AB 型は人類の進化形？：血液型の世界分布：坂本史郎の【朝メール】より：オルタナティブ・ブログ (itmedia.co.jp)

国別・人種別血液型シェア

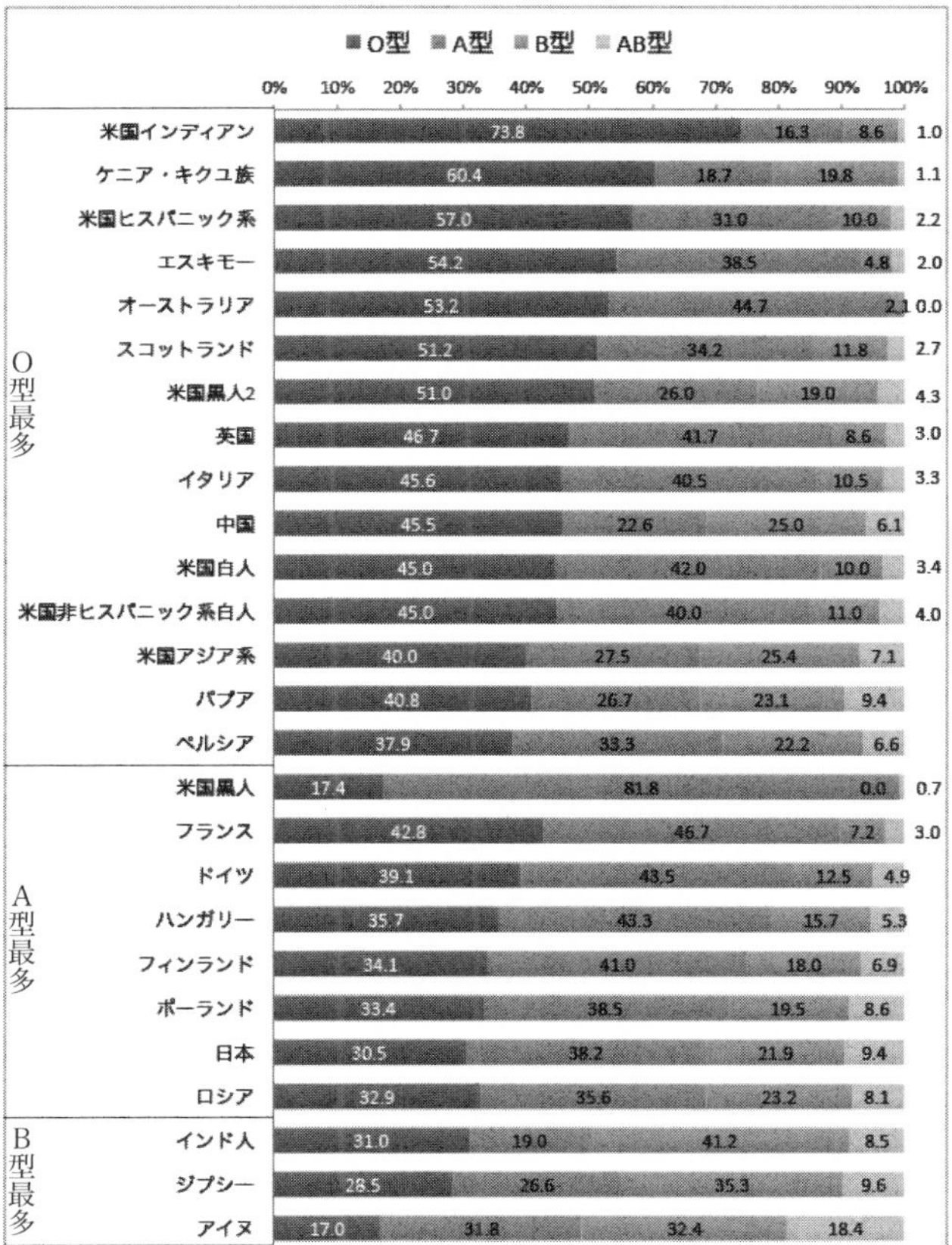

(注)インド人はヒルシェフェルド、米国インディアン(混血を含む)・白人はスナイダーによる(古畑1962)
米国非ヒスパニック白人、米国ヒスパニック、米国黒人2、米国アジア系は米国赤十字HPによる
(資料)「カラー生物百科」平凡社（1975)、古畑種基「血液型の話」(1962)、米国赤十字HP(2013.7.4)
図録▽血液型の国際比較 (sakura.ne.jp)

16　ＡＢ型を想う

先にも紹介した藤田紘一郎さんの『血液型の科学』に「ＡＢ型は１０００年前に生まれた」という文章がありました。

１０００年前と言えば平安時代です。

中国は宋の時代、ヨーロッパはローマ帝国の時代です。

完全に有史時代です。

ＡＢ型は人数も少ないしちょっと複雑な性格に思えたりして、よく解らない人という印象を持っています。

１０００年前という直近に出現したという考えも面白く感じるのでそこのところを引用させて頂きます。

ＡＢ型は１０００年前に生まれた

ＡＢ型は、ごく最近出現した血液型です。１０００年から１２００年ほど前には、ＡＢ型の人はいなかったと考えられています。

その証拠として、西暦９００年以前の墓からＡＢ型の人間が見つかっていないことが挙げられます。

おそらく、東方の騎馬民族が東から西へ侵略を続けるなかで、Ａ型人間とＢ型人間の混血が起こり、ＡＢ型が誕生したものと思われます。

つまり、当初、人類の血液型はすべてＯ型だったものが、農耕民族の一部からはＡ型が生まれ、遊牧民族の一部からはＢ型が生まれました。

さらに、彼らの混血の結果、ＡＢ型がごく最近になって生まれたと考えられるのです。

ＡＢＯ血液型物質は、単に血液中にだけ存在するものではないという話はすでにしました。

体内の血液型物質の分布を見ますと、実に多くの器官に分布していることが分かります。

特に胃や腸内で分泌される粘液であるムチンの中には、血液中よりもずっと多い血液型物質が存在しています。

腸ではおよそ80%、胃においてはほぼ100%の発現率を示すのです。

血液型物質は最初に赤血球表面から発見されたので「血液型物質」という名がついたのですが、本当は「胃腸粘液物質」としたほうがよかったかもしれません。

先に述べたように、私は、人間にABO血液型物質をつくらせたのは、腸内細菌であると考えています。

ABO血液型物質をもつ細菌類は、人類に進化する以前は腸内に棲んでおり、その腸内細菌がもつA型物質やB型物質が、人間の体内に潜り込むことで遺伝子移入が起こったと考えられます。

それは、胃や腸のなかに血液型物質がもっとも多く分布していることからも納得できる話です。

（『血液型の科学』藤田紘一郎　祥伝社　84～86頁）

墓を調べてＡＢ型の人が見つからないということなので確かなことなのでしょうねえ。

私は有史以前にＡ、Ｂ、ＡＢ、Ｏ、全部出そろっていたとばかり思っていました。

ＡＢ型はＢ、Ｏ、Ａに比べて人数が少ないです。

遺伝子型でいうＢＯ型やＡＯ型はＯが潜性なので性格としてはＢ型、Ａ型となります。

ＡＢ型はＡとＢ共に顕性なので二つの血液型物質が実際に体内に表れます。

この場合、行動はＴＰＯによってＢ、Ａ、どちらかが現れるのか、それとも二つが混じり合うことによって、たとえば合金のように、ＢともＡとも違う別の性格が現れるのか、よく分かりません。藤田紘一郎さんの言われるように１０００年前に出現したのなら、人類７００万年の歴史からすれば、ほんの直近です。

大いに期待したいところです。

おわりに

人が都市に住み始めた頃、公衆衛生が問題でした。

伝染病で人口の何割もの人が亡くなったりしました。

公衆衛生が発達して現代、先進国では伝染病はさしたる脅威ではなくなりました。


現代日本で伝染病で亡くなる人はごく稀です。

交通事故で亡くなる人は数千人、自殺者は3万人、行方不明者は8万人です。

交通事故の一部、自殺者のほとんど、行方不明者の大半は精神衛生の対象だと思います。

精神科のお医者さんの仕事です。

種外の敵を駆逐して地球の上に人が満ち満ちた現代は種内淘汰の時代です。

種内淘汰というのは、やはり精神的に苦しいです。

戦争や共食いのイメージです。

微生物の研究や、宇宙開発とは、気持ちが違います。

ですから、精神衛生が非常に重要な時代になってきたと思います。

冷戦が終わって平和になるかと思いきや世界中でポコポコと紛争が絶えません。

アメリカへ向けて核ミサイルを打ち込むなどと言い出す国まで出てきました。

おもしが取れるとこうまで乱れるものかと驚きます。

これらも人の心の所産であれば精神医学や心理学の対象だと思います。

心理学の本に「黒胆汁質、粘着質、胆汁質、多血質」や、ドイツの精神科医クレッチマーによる類型論「細長型、肥満型、闘士型」などと書いてあるのを見て、「駄目だコリャ」と思いました。

「血液型人間学」の方がよほどまともに感じられます。

血液型人間学では基準が極めて明確です。

大望を持って医学を希望する人が精神科を目指せば、そこには無限の沃野が広がっているでしょう。

人は血液型によって性格に違いがある。その違いによって、ある場面では、その長所を生かし合って協力して事に当たります。別の場面ではその短所を攻撃して滅ぼし合う、ということをしているように思われます。

家庭の中で、ご近所同士で、会社の中の社員同士で、一つの国の中の国民同士で、国際社会において国と国とが、それぞれ協力したり、攻撃したりしています。血液型によってそんなメカニズムが働いているように思われます。

これは、非常に身近なものです。ですから、地動説や進化論よりも、私たちの社会にずっと大きな影響を及ぼすと思います。

より深い研究が必要と思います。

ホームページより

「筆者からの主張」

私の本に関心を持って下さって有り難うございます。山上一と申します。

血液型によって人の性格に違いがあるという考えの本です。

このことが「いじめ」やハラスメント、戦争など社会の様々な現象に影響を及ぼしていると感じています。

ＡＢＯ血液型において、目標がある時は三つの要素が、その長所を生かし合って協力するが目標を達成してしまった時、互いに欠点をつつきあって争うことになってしまう。

そして最も種内淘汰に適応したＯ型が最後に選択されます。

ネイティブ・アメリカンやアボリジニはＯ型が多く、現代に残るその希少な例だと思います。

私思いますに、たとえば「いじめ」の原理的な力は生物のあり方そのもののような気がします。

地球上の生物はすべて生存競争を余儀なくされています。

人は、狼や有害微生物を淘汰し「鬼畜米英」とは平和条約を結び、行き場を失った闘争本能を、本来楽しく睦み合うべき級友へ向けてしまったのが「いじめ」ではないかと思っています。

B型が主導する「種外淘汰」の時代からO型が主導する「種内淘汰」の時代への万年単位の大きな変化が、今進行していると考えています。

106頁に書きましたように「いじめっ子」「いじめられっ子」の血液型が平均分布からずれているのではないかと思っています。

「血液型別、長所短所リスト」にありますようにB型、O型、A型、AB型によって性格に違いがあるのであれば「いじめっ子」「いじめられっ子」の出現頻度に差があるのが当然と思われます。

これの証明はいじめ問題の解決に大変役立つと思います。

さらにはハラスメント、大きくは戦争などもこの「種外淘汰」の時代から「種内淘汰」の時代への万年単位の大きな変化の一局面であろうと思います。

この血液型の調査をできないものかと思案しております。

数十人に対する聞き取り調査でも何か意味あるものが出て来るかも知れないと思うのですが……。

いじめに限らずとも「詐欺」をする人される人、「浮気」する人される人、犯罪や交通事故の加害者、被害者等々、対象はいろいろ考えられると思います。

血液型人間学を信じない人には世迷い言と思われるかも知れませんが、信じる私には時代を読み解く強力なツールと感じられます。

現在、血液型と人の性格は関係ない、というのが常識的な考え方となっています。

ウィキペディアにもそのように書いてあります。

しかし、私は関係があると思います。

今、占いのような扱いになっている「血液型人間学」を自然科学の一分野として世界中の大学で研究してもらいたいと思っています。

心理学や精神医学のみならず、遺伝子の生存競争でもあると思いますので社会生物学の研究をしている方にも調べて頂きたいと思います。

この世のすべては時間と共に変化します。

永遠の調和と思われていた宇宙でさえ変化し続けています。

人間社会も変化するのは当然だと思います。

ましてや天敵を駆逐してしまった人類においては、今大きな変化の途上にあると思います。

宇宙の生命は、すべからく自然選択の過程を経ると思われますので、宇宙の知的生命が繁栄する時、彼らも人類と同じように、天敵がいて、そしてそれを駆逐する過程があると思いますので、宇宙の知的生命一般にこのような変化が必然的に起こると思われます。

地動説が認められ天文学が大きく発展しました。

自然選択説が認められて生物学が大きく発展しました。

血液型人間学が認められたら心理学が大きく発展すると思います。

血液型にはＡＢＯ式、Ｒｈ式、ＭＮ式その他多くの分類があるようです。それらすべての性格への影響が究明された時、人類社会の、いじめ、犯罪、戦争などを昔の話にできるかもしれません。

追記　心理学者様へ
物事において、ないことを証明するのは原理としては無限回の証明が必要なので大変難しいのですが、「血液型人間学」の主流は能見正比古さんです。十数冊の本で様々なデータを示しておられます。たくさんな量ではありますが、有限です。
多くの学者様にご協力頂ければ追試できます。それによって、かなり確からしく結論を出せるのではないかと思います。
よろしくご協力をお願いいたします。

ホームページより「筆者からの主張」

理学部 糖鎖学科

ウィキペディアで ＡＢＯ 式血液型を引くと以下のような説明がありました。

Ａ型はＡ型転移酵素をコードする遺伝子を持っており、この酵素が元になるＨ物質にＮ－アセチルガラクトミンをつけてＡ抗原を作るのに対し、Ｂ型はＢ型転移酵素をコードする遺伝子を持っていてこちらの酵素はガラクトースをつけＢ抗原を作る。

ＡＢ型は両方の遺伝子を持っているため ＡとＢ双方の抗原を作るが、Ｏ型はどちらも作れないのでＨ物質のままになる。

これらの抗原が最初に血液から発見されたために「血液型」という名称を冠するもので、血液以外にも唾液・精液など、すべての体液にも存在する。

……。

ここで言う、Ｈ物質、とは糖鎖という物だそうです。そこには広くて深い生化学の世界が広がっています。

これはもう、文学部心理学科からはあまりに遠い。

生物としての人間の中に、このような、実際の差があるからには生物としての人間に様々な影響を与えている可能性があります。

その一部が心への影響であるように思われます。

心だけを想起させる「心理学」よりも人間全体を想起させる「人間学」の方がより現実に合っているように思います。

血液型人間学が実証された時、その影響は、政治経済 スポーツ 芸術…… およそ人の関わるすべてのことに及びます。

血液型人間学のより深い理解のためには心理学からの研究と共に生化学からの研究も不可欠だと思います。

参考文献

ネット

世界の血液型傾向グラフ

ＡＢ型は人類の進化形？：血液型の世界分布：坂本史郎の【朝メール】より：

オルタナティブ・ブログ（itmedia.co.jp）

国別・人種別血液型シェア　図録▽血液型の国際比較（sakura.ne.jp）

BUSHOO! JAPAN(武将ジャパン)

西郷隆盛49年の生涯まとめ【年表付】誕生から西南戦争での最期まで―

BUSHOO! JAPAN（武将ジャパン）―２頁

生物学　生物学―Wikipedia

種内淘汰　性淘汰―Wikipedia

血液型血液型―Wikipedia

ホームページより「筆者からの主張」

ＡＢＯ式血液型　ＡＢＯ式血液型 —Wikipedia
アインシュタイン　アルベルト・アインシュタイン—Wikipedia
ababai.co.jp/ankoblog/ankoblog8174/
ＡＢＯセンター　Home | aboworldjapan (human-abo.org)
ABO FAN　External Links —30万人のデータで分かる 少し理系の血液型と性格
(jimdofree.com)
消えるＢ型（日本語版） kieru-bgata.com
消えるＢ型（英語版） blood-type-b-is-vanishing.com
コンラート・ローレンツ 『攻撃　悪の自然史』日高敏隆・久保和彦訳 みすず書房１９８５年
アダム・スミス 『諸国民の富』大内兵衛・松川七郎訳　岩波文庫　1巻（全5巻）１９５９年

参考文献

前川輝光『血液型人間学―運命との対話』松籟社1998年
ユヴァル・ノア・ハラリ『サピエンス全史』柴田裕之訳 河出書房新社2016年
粒山樹『維新を創った男 西郷隆盛の実像』扶桑社2017年
藤田紘一郎『血液型の科学』祥伝社2010年
竹内久美子『小さな悪魔の背中の窪み』新潮社1994年
能見正比古
『血液型でわかる相性』青春出版社1971年
『血液型人間学』サンケイ新聞社出版局1973年
『血液型愛情学』サンケイ新聞社出版局1974年 のち角川文庫
『血液型活用学』サンケイ新聞社出版局1976年 のち角川文庫
『血液型スポーツ学』講談社1976年
『血液型エッセンス』サンケイ出版1977年 のち角川文庫 廣済堂文庫
『血液型政治学』サンケイ出版1978年

『血液型人生論』日本文芸社１９７９年
『血液型で人間を知る本　研究成果の公開』青春出版社１９７９年『プライブックス』
『新・血液型人間学』角川文庫１９８０年
『血液型と性格ハンドブック』サンケイ出版１９８１年
『血液型女性白書』海竜社１９８１年　のち角川文庫
『血液型ゴルファー学』サンケイ出版１９８２年

〈著者紹介〉

山上　一　（やまがみ　はじめ）

1971 年　能見正比古『血液型でわかる相性』に出会う
2018 年 『消えるB型　アインシュタインは何故大学に残れなかったのか?』出版
2021 年 『消えるB型　心理学者様へ』 出版
ホームページ　https://kieru-bgata.com/
英文ホームページ　https://blood-type-b-is-vanishing.com/

消えるB型
心理学者様へ

定価（本体1200円+税）

乱丁･落丁はお取り替えします。

2021年 8月30日初版第1刷印刷
2022年11月 1日初版第4刷発行
著　者　山上　一
発行者　百瀬精一
発行所　鳥影社（www.choeisha.com）
〒160-0023 東京都新宿区西新宿3-5-12トーカン新宿7F
電話 03-5948-6470, FAX 0120-586-771
〒392-0012 長野県諏訪市四賀 229-1（本社・編集室）
電話 0266-53-2903, FAX 0266-58-6771
印刷・製本　シナノ印刷

ISBN978-4-86265-920-0　C0095